ホンこわ!
世界に伝わる
本当に怖い話
あなたの
行く先にも
ほら……
理論社

あの国《くに》にも……この国《くに》にも……

世界《せかい》に伝《つた》わる本当《ほんとう》に怖《こわ》い話《はなし》

ダイジェスト

オーストラリア

◆幽霊《ゆうれい》の街《まち》、トゥーンバ

→68ページ

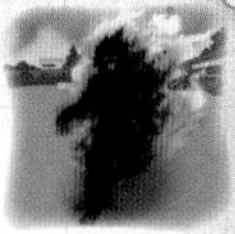

幽霊《ゆうれい》を見《み》つけるゴーストハンターが存在《そんざい》する！幽霊《ゆうれい》たちが集《つど》う街《まち》。

◆マッコーリーフィールズ駅《えき》の少女《しょうじょ》

→72ページ

駅《えき》に現《あらわ》れ泣《な》きさけぶ、血《ち》だらけの少女《しょうじょ》の正体《しょうたい》は……!?

◆旧《きゅう》ヨーク病院《びょういん》の怪《かい》

→74ページ

もともと病院《びょういん》だったユースホステルには、幽霊《ゆうれい》のウワサが…。

オーストラリア最大《さいだい》の都市《とし》、シドニー。ここにも幽霊《ゆうれい》がひそんでいるのだ。

ナイジェリア

✦恐怖《きょうふ》のブッシュベイビー

→278ページ

夜《よる》の森《もり》で泣《な》く赤《あか》ちゃん……。その恐《おそ》ろしくも悲《かな》しい正体《しょうたい》とは⁉

✦ハイヒールの幽霊《ゆうれい》、コイコイ

→282ページ

ハイヒールをはいた女性教師《じょせいきょうし》が復《ふく》しゅうにやってくる！

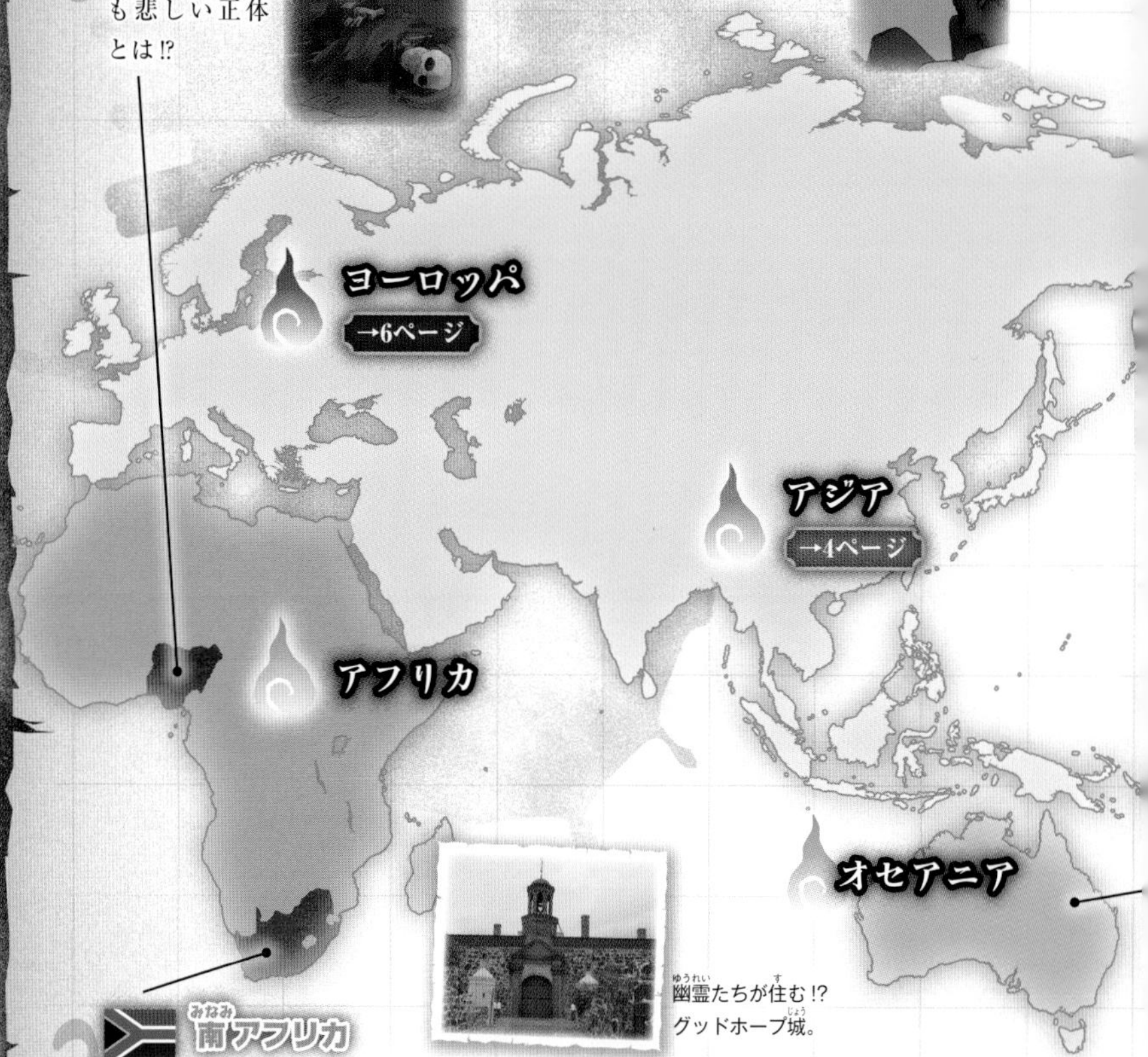

幽霊《ゆうれい》たちが住《す》む⁉
グッドホープ城《じょう》。

南《みなみ》アフリカ

✦グッドホープ城《じょう》の幽霊《ゆうれい》たち

→286ページ

アフリカ有数《ゆうすう》の観光地《かんこうち》に残《のこ》る数々《かずかず》の幽霊《ゆうれい》のウワサ……。

✦女子《じょし》トイレに出《で》る、ピンクの霊《れい》

→291ページ

放課後《ほうかご》のトイレでは、ピンク色《いろ》を身《み》につけていると危険《きけん》らしい⁉

韓国《かんこく》

✦エレベーターに要注意《ようちゅうい》

→100ページ

マンションのエレベーターに乗《の》ってきたスーツの男性《だんせい》。手《て》にはナイフが……！

✦赤《あか》い外科用《げかよう》マスク

→106ページ

韓国版《かんこくばん》、口裂《くちさ》け女《おんな》…⁉ きれいになりたかったはずなのに……。

台湾《たいわん》

✦山中《さんちゅう》の赤《あか》い女《おんな》の子《こ》の怪《かい》

→94ページ

楽《たの》しい家族旅行《かぞくりょこう》の映像《えいぞう》に恐《おそ》ろしい女《おんな》の子《こ》が……！

✦湖《みずうみ》・日月潭《にちげつたん》の霊《れい》

→97ページ

人気観光地《にんきかんこうち》の日月潭《にちげつたん》。ここで夜《よる》、ボートを漕《こ》ぐと怪異《かいい》がおきる……。

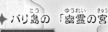

湖《みずうみ》、日月潭《にちげつたん》

フィリピン

✦ジープニーの首《くび》なし事件《じけん》

→109ページ

ジープニーの運転手《うんてんしゅ》が、ミラー越《ご》しに見《み》たものとは……！

乗合《のりあい》タクシー「ジープニー」。ルートは決《き》まっているが、好《す》きな場所《ばしょ》で降《お》りることができる。

✦カラオケで歌《うた》ってはいけない曲《きょく》

→113ページ

世界《せかい》でも人気《にんき》のカラオケ。カラオケで歌《うた》うと、なぜか殺人《さつじん》が起《お》きる曲《きょく》がある⁉

インドネシア

✦女《おんな》の子《こ》とパンダのぬいぐるみ

→118ページ

ジャワ島《とう》の都市《とし》に出《で》る、幼《おさな》い女《おんな》の子《こ》の幽霊《ゆうれい》。その哀《かな》しい物語《ものがたり》とは？

✦ミスター・ジペンのトイレの伝説《でんせつ》

→122ページ

インドネシアのトイレにまつわる、恐怖《きょうふ》の都市伝説《としでんせつ》！

✦バリ島《とう》の「幽霊《ゆうれい》の宮殿《きゅうでん》」

→126ページ

世界屈指《せかいくっし》のリゾート、バリ島《とう》。ここにも幽霊《ゆうれい》が出《で》る場所《ばしょ》がある……。

中国《ちゅうごく》

✦死者《ししゃ》を生《う》む駅《えき》

→80ページ

幽霊《ゆうれい》に呼《よ》ばれる!?
深夜《しんや》、地下鉄《ちかてつ》のホーム
に現《あらわ》れる女《おんな》の子《こ》とは…。

✦三《み》つ編《あ》みの女《おんな》の子《こ》の幽霊《ゆうれい》

→91ページ

都会《とかい》にあこがれた女《おんな》の子《こ》。列車《れっしゃ》から
降《お》りようとしたとき、悲劇《ひげき》が……！

✦紫禁城《しきんじょう》の哀《かな》しき幽霊《ゆうれい》たち

→84ページ

世界文化遺産《せかいぶんかいさん》にも登《とう》
録《ろく》されている紫禁城《しきんじょう》
には立《た》ち入《い》り禁止区《きんしく》
域《いき》がある…！

世界文化遺産《せかいぶんかいさん》である紫《し》
禁城《きんじょう》。ここにもたくさ
んの幽霊《ゆうれい》たちがいる。

インド

✦政府《せいふ》が認《みと》める、立《た》ち入《い》り禁止区域《きんしくいき》

→144ページ

古《ふる》い遺跡《いせき》には、魔術《まじゅつ》
師《し》の邪悪《じゃあく》な魔法《まほう》が
かかっている……!?

日没後《にちぼつご》は立《た》ち入《い》り禁止区域《きんしくいき》と
なる遺跡《いせき》、バンガル。

アジア

✦幽霊《ゆうれい》が出《で》る、美《うつく》しい浜《はま》

→149ページ

インドでも屈指《くっし》の美《うつく》しさを誇《ほこ》る浜《はま》
には、夜《よ》な夜《よ》な幽霊《ゆうれい》たちが……。

✦映画《えいが》スタジオの怨霊《おんりょう》

→153ページ

映画大国《えいがたいこく》イン
ドの幽霊《ゆうれい》！

タイ

✦幽霊《ゆうれい》の存在《そんざい》を信《しん》じる国《くに》

→139ページ

✦幽霊《ゆうれい》を祀《まつ》る寺院《じいん》

→135ページ

悪霊《あくりょう》が祀《まつ》られている寺《じ》
院《いん》がある！その悪霊《あくりょう》と
は一体《いったい》……？

ベトナム

✦美術館《びじゅつかん》に出《で》る、アオザイの霊《れい》

→128ページ

✦生肉《なまにく》を食《た》べる、おばあさん

→131ページ

夜《よる》になると、生肉《なまにく》を食《た》べにくるお
ばあさんの正体《しょうたい》とは……!?

ロシア

◆子《こ》どもの命《いのち》を奪《うば》うゲーム

→269ページ

社会問題《しゃかいもんだい》となったバーチャルゲーム「青《あお》い鯨《くじら》」の恐怖《きょうふ》！

ウクライナ

◆赤《あか》いピアノ

→264ページ

弾《ひ》けば弾《ひ》くほどやせ細《ほそ》るピアノ⁉
その恐《おそ》ろしいしかけとは？

ルーマニア

◆串刺《くしざ》し公《こう》、ヴラド３世《せい》

→236ページ

チェコ

◆セドレツ納骨堂《のうこつどう》の怪《かい》

→229ページ

約《やく》１万体《まんたい》の人骨《じんこつ》を使《つか》った芸術作品《げいじゅつさくひん》⁉

ドイツ

◆フランケンシュタイン城《じょう》の秘密《ひみつ》

→222ページ

あのフランケンシュタインのモデルとなった人物《じんぶつ》！

イタリア

◆悪魔《あくま》に魂《たましい》を売《う》った女性《じょせい》

→190ページ　【マンガ】

ルッカという街《まち》の植物園《しょくぶつえん》に伝《つた》わる、美《うつく》しくわがままな女性《じょせい》の最期《さいご》。

ルッカの街並《まちな》み

◆子守唄《こもりうた》を歌《うた》う幽霊《ゆうれい》

→274ページ

死亡事故《しぼうじこ》が多《おお》い道路《どうろ》の哀《かな》しい理由《りゆう》とは……？

◆城跡《しろあと》をさまよう、女性《じょせい》たちの霊《れい》

→267ページ

美《うつく》しい王女《おうじょ》の想像《そうぞう》を絶《ぜっ》する恐《おそ》ろしい秘密《ひみつ》……。

◆ブカレストのホラー伝説《でんせつ》

→240ページ

ルーマニアの首都《しゅと》で聞《き》こえる、幽霊《ゆうれい》の悲痛《ひつう》な叫《さけ》び声《ごえ》……。

◆花嫁《はなよめ》の霊《れい》が出《で》る、森《もり》

→244ページ

セドレツ納骨堂《のうこつどう》の内部《ないぶ》

◆自殺者《じさつしゃ》の多《おお》い橋《はし》

→233ページ

人《ひと》を橋《はし》の下《した》に引《ひ》きつけるものとは…？

◆お城《しろ》を守《まも》る小《ちい》さな妖精《ようせい》

→226ページ

小《ちい》さな妖精《ようせい》が守《まも》る、シュヴェーリン城《じょう》

◆殺《ころ》された旅人《たびびと》の幽霊《ゆうれい》が出《で》る家《いえ》

→186ページ

◆ヴェネツィア沖《おき》に浮《う》かぶ、地獄《じごく》の島《しま》

→200ページ

ヨーロッパ

イギリス

✦手《て》をなめたのは……

→156ページ

夜《よる》、ベッドの下《した》で女《おんな》の子《こ》の手《て》をなめていた犬《いぬ》は…？

✦お化《ば》けの出《で》る高速道路《こうそくどうろ》

→164ページ

✦科学的《かがくてき》に証明《しょうめい》された、幽霊《ゆうれい》の城《しろ》

→160ページ

幽霊《ゆうれい》のウワサが多《おお》すぎる⁉
研究者《けんきゅうしゃ》も驚《おどろ》く心霊現象《しんれいげんしょう》！

エディンバラ城《じょう》

スウェーデン

✦気味《きみ》の悪《わる》い絵画《かいが》

→248ページ

絵《え》だと思《おも》っていたものは実《じつ》は……！

✦児童小説《じどうしょうせつ》の舞台《ぶたい》の、幽霊《ゆうれい》

→251ページ

✦死者《ししゃ》のクリスマス

→254ページ 【マンガ】

フランス

✦黒《くろ》い服《ふく》を着《き》た男《おとこ》

→175ページ

ふと仲良《なかよ》くなった男性《だんせい》の驚《おどろ》きの正体《しょうたい》とは⁉

✦パリの地下《ちか》に広《ひろ》がる、納骨堂《のうこつどう》

→179ページ

✦恐怖《きょうふ》の極悪兄弟《ごくあくきょうだい》の幽霊《ゆうれい》

→184ページ

アイルランド

✦女吸血鬼《おんなきゅうけつき》、デアルグ・デュ

→168ページ

吸血鬼《きゅうけつき》となった女性《じょせい》の哀《かな》しい過去《かこ》とは……？

✦マラハイド城《じょう》の個性的《こせいてき》な幽霊《ゆうれい》たち

→171ページ

アイルランドで最《もっと》も古《ふる》い城《しろ》の幽霊《ゆうれい》！

スペイン

✦血塗《ちぬ》られたトイレ

→205ページ

スペイン版《ばん》、トイレの花子《はなこ》さん⁉

✦曲《ま》がり角《かど》の女《おんな》の子《こ》

→215ページ

✦鏡《かがみ》の中《なか》のヴェロニカ

→218ページ

✦死《し》んでも、友達《ともだち》

→209ページ

カナダ

✦ナイアガラの悲鳴《ひめい》をあげるトンネル

→26ページ

トンネルから聞《き》こえる悲鳴《ひめい》の哀《かな》しい正体《しょうたい》……！

✦カナダ沖《おき》をさまよう幽霊船《ゆうれいせん》

→29ページ

燃《も》えていた船《ふね》が消《き》えた⁉　数百人《すうひゃくにん》もの目撃《もくげき》者《しゃ》がいる幽霊船《ゆうれいせん》…。

✦美《うつく》しき豪華《ごうか》ホテルの「住人《じゅうにん》」

→32ページ

豪華《ごうか》ホテルに住《す》む「住人《じゅうにん》」とは…？

美《うつく》しき豪華《ごうか》ホテル「バンフ・スプリングス・ホテル」

北米《ほくべい》

メキシコ

✦ネットで広《ひろ》まった降霊術《こうれいじゅつ》チャーリーゲーム

→40ページ

✦呪《のろ》われた人形《にんぎょう》の島《しま》、ソチミルコ

→45ページ

観光客《かんこうきゃく》も悲鳴《ひめい》を上《あ》げる！　恐怖《きょうふ》の島《しま》…。

ソチミルコの人形《にんぎょう》たち

アメリカ

✦背中《せなか》にいるのは……

→12ページ

妻《つま》を殺《ころ》した男《おとこ》がずっと背負《せお》っていたのは…？

✦呪《のろ》われた女性《じょせい》の巨大《きょだい》な屋敷《やしき》

→18ページ

この美《うつく》しい屋敷《やしき》は呪《のろ》われている…。

✦幽霊船《ゆうれいせん》クイーン・メリー

→23ページ

アルゼンチン

✦白《しろ》いお墓《はか》の白《しろ》い少女《しょうじょ》

→62ページ

少年《しょうねん》が一目《ひとめ》惚《ぼ》れした少女《しょうじょ》の帰《かえ》る場所《ばしょ》は…。

✦魔女《まじょ》たちの宴《うたげ》、サラマンカ

→65ページ

中南米《ちゅうなんべい》

ブラジル

✦教会《きょうかい》の死者《ししゃ》の集団《しゅうだん》

→52ページ

夜中《よなか》に行《おこな》われる死者《ししゃ》たちのミサとは…。

✦恐怖《きょうふ》の人形伝説《にんぎょうでんせつ》

→57ページ

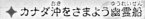

ホンこわ! 世界に伝わる本当に怖い話 もくじ

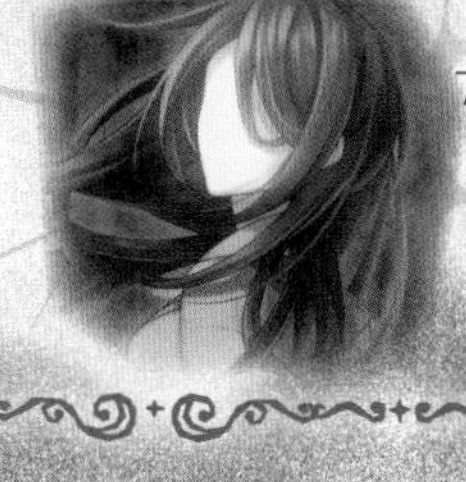

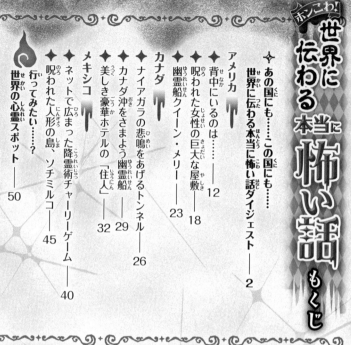

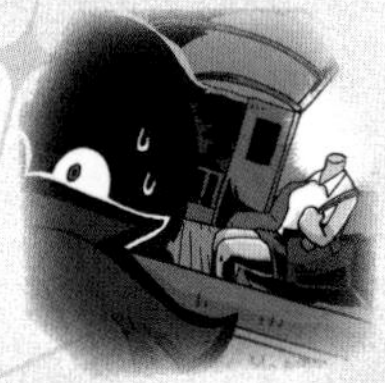

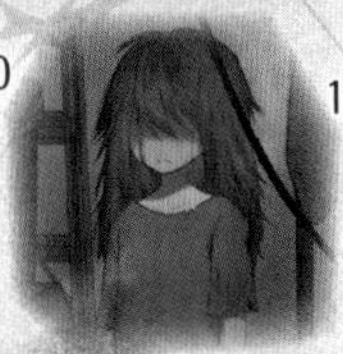

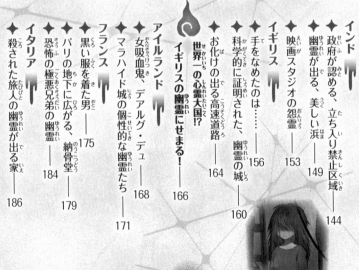

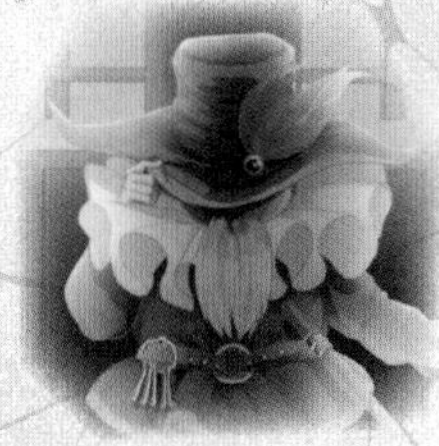

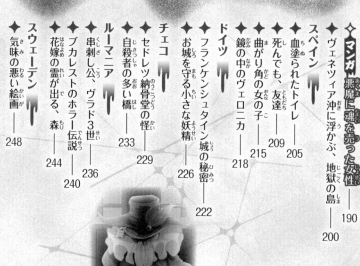

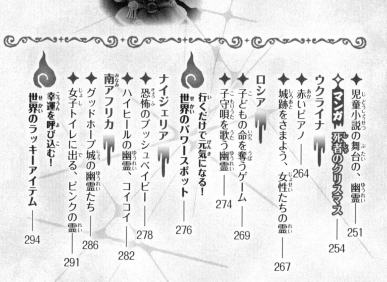

アメリカ

アメリカは、心霊大国《しんれいたいこく》イギリスからの
移民《いみん》が多《おお》いこともあってか、
モノ、人《ひと》、場所《ばしょ》など、幽霊《ゆうれい》にまつわる
数多《かずおお》くの怖《こわ》いウワサが存在《そんざい》する。

背中《せなか》にいるのは……

これは、アメリカで有名《ゆうめい》な〝怖《こわ》い話《はなし》〟だ。しかし、「日本《にっぽん》から伝《つた》わった」とも言《い》われているのだそうだ。

仲《なか》の悪《わる》い夫婦《ふうふ》がいた。

結婚《けっこん》したころはそうでもなかったが、次第《しだい》にケンカの回数《かいすう》が増《ふ》え、ついに離婚《りこん》について話《はな》し合《あ》うようになった。

しかし、そのころ妻《つま》のマリエが妊娠《にんしん》をしていることが分《わ》かった。

「赤《あか》ちゃんを育《そだ》てるために、もう一度《いちど》やりなおそう」

二人《ふたり》は離婚《りこん》をとりやめた。

しばらくして、二人《ふたり》の間《あいだ》に、男《おとこ》の子《こ》が生《う》まれた。

しばらくは、夫婦《ふうふ》は仲《なか》よく過《す》ごした。しかし、男《おとこ》の子《こ》が成長《せいちょう》するにつれ、また、ケンカをするようになった。

男《おとこ》の子《こ》が5歳《さい》になったある夜《よる》のこと。

子《こ》どもを寝《ね》かしつけた二人《ふたり》は、またケンカを始《はじ》めた。

いつもよりも激《はげ》しいケンカで、カッとなった夫《おっと》のケントは、妻《つま》のマリエの首《くび》に手《て》をかけた。そしてそのまま、しめ殺《ころ》してしまった。

✦「パパ」の秘密《ひみつ》✦

マリエがぐったりとなり、息《いき》をしていないことに気《き》がついたケントは、

「どうしよう」

と、あわてた。

「殺《ころ》してしまった」

マリエをこのままにしておくと、息子《むすこ》に見《み》られてしまう。それどころか、警察《けいさつ》につかまってしまう。

そこでケントは、マリエの死体《したい》を車《くるま》に運《はこ》び、家《いえ》から離《はな》れた山奥《やまおく》まで運転《うんてん》した。

そして、山《やま》の中《なか》をマリエの死体《したい》を背負《せお》って歩《ある》き、腐《くさ》った臭《にお》いのする沼《ぬま》に放《ほう》り込《こ》んだ。

マリエの死体《したい》は、ズブズブと沼《ぬま》に沈《しず》み、やがて見《み》えなくなった。

ケントは家《いえ》に帰《かえ》り、すぐにシャワーを浴《あ》びたが、沼《ぬま》のあの臭《にお》いがとれない。どれだけ髪《かみ》を洗《あら》っても、体《からだ》を洗《あら》っても、臭《にお》いは落《お》ちなかった。

✦息子《むすこ》が見《み》ていたもの✦

臭《にお》いよりも心配《しんぱい》したのが息子《むすこ》だ。

(「お母《かあ》さんがいなくなった」と、悲《かな》しむんじゃないだろうか)。

しかし息子《むすこ》は、ケントの顔《かお》を見《み》て不思議《ふしぎ》そうな顔《かお》をしたものの、お母《かあ》さんであるマリエについて、

「どこに行《い》ったの?」

などと聞《き》くことはなく、寂《さび》しがることもなかった。ただ、ケントのことを奇妙《きみょう》な目《め》で見《み》ることは増《ふ》えた。

「臭《にお》いのせいかな」

ケントは朝晩《あさばん》シャワーを浴《あ》び、香水《こうすい》も使《つか》ってみたが、臭《にお》いが消《き》えることはなかった。


マリエを殺《ころ》して10日《か》ほど経《た》ったある日《ひ》の晩《ばん》、思《おも》い切《き》ってケントは、息子《むすこ》に聞《き》いてみた。

「お前《まえ》、お父《とう》さんに何《なに》か言《い》いたいことがあるんじゃないのか?」

息子《むすこ》はおもちゃをいじり続《つづ》けている。

「お母《かあ》さんのこと気《き》にならないのか?」

「……聞《き》いていいの?」

息子《むすこ》はおもむろに、ケントの背中《せなか》のあたりを見《み》ると、こう言《い》った。

「お父《とう》さん、なんでお母《かあ》さんはそんなペラペラの姿《すがた》になっちゃったの?」

「どういう意味《いみ》だ？」

「なんでお父《とう》さんは、いつもうすっぺらになったお母《かあ》さんを、おんぶしているの？」

呪《のろ》われた女性《じょせい》の巨大《きょだい》な屋敷《やしき》

美《うつく》しい海《うみ》と、まぶしい太陽《たいよう》で有名《ゆうめい》なアメリカ西海岸《にしかいがん》にある、カリフォルニア州《しゅう》には、「ウィンチェスター・ミステリー・ハウス」と呼《よ》ばれる、有名《ゆうめい》な幽霊屋敷《ゆうれいやしき》がある。幽霊屋敷《ゆうれいやしき》でありながら観光地《かんこうち》としても有《ゆう》名《めい》なスポットなのだが、理由《りゆう》の一《ひと》つに、建《たて》物《もの》の異様《いよう》さがある。

というのもこの屋敷《やしき》は、サラ・ウィンチェスターという女性《じょせい》が38年《ねん》もの歳月《さいげつ》をかけて、「幽霊《ゆうれい》から逃《のが》れるため」という理由《りゆう》だけで、建《た》て増《ま》し、建《た》て増《ま》ししてきた、大邸宅《だいていたく》なのだ。

ウィンチェスター・ミステリー・ハウス

サラが結婚《けっこん》した、ウィリアム・ウィンチェスターは、銃器《じゅうき》メーカー「ウィンチェスター」社《しゃ》の2代目《だいめ》という、大金持《おおがねも》ちだった。

しかし娘《むすめ》のアニーを幼《おさな》くして亡《な》くし、自身《じしん》はその15年後《ねんご》、会社《かいしゃ》を継《つ》いですぐ死《し》んでしまった。

サラは夫《おっと》から莫大《ばくだい》な財産《ざいさん》をゆずり受《う》けたが、

「夫《おっと》も娘《むすめ》も、ライフルで死亡《しぼう》した人《ひと》たちの幽霊《ゆうれい》に呪《のろ》われたから、若《わか》くして死《し》んでしまったのだ」

と思《おも》い込《こ》むようになった。

そしてそのうち、家《いえ》のどこからか物音《ものおと》がするたびに、「幽霊《ゆうれい》が出《で》た」と、感《かん》じるようになった。

「幽霊《ゆうれい》から逃《に》げなくては」

「幽霊《ゆうれい》を閉《と》じ込《こ》めなくては」

と、サラは家《いえ》の増築《ぞうちく》を決意《けつい》し、1886年《ねん》に購入《こうにゅう》したときは8部屋《へや》しかなかった家《いえ》が、1922年《ねん》にサラが亡《な》くなる頃《ころ》には161室《しつ》にもなっていたという。

◆肥大化《ひだいか》し続《つづ》ける家《いえ》◆

彼女《かのじょ》は大勢《おおぜい》の大工《だいく》をやとい、36年間《ねんかん》、毎《まい》日昼《にちひる》も夜《よる》も工事《こうじ》をすすめた。

地震《じしん》にあい、家《いえ》の一部《いちぶ》がくずれることもあったが、家《いえ》は日《ひ》に日《ひ》に巨大化《きょだいか》した。

ただ大《おお》きくなっただけではない。サラの家《いえ》の改築《かいちく》は、

「幽霊《ゆうれい》から逃《に》げるため」

というはっきりした目的《もくてき》があった。

そこで廊下《ろうか》は迷路《めいろ》のようにはりめぐらされ、ドアを開《あ》けると壁《かべ》だったり、天井《てんじょう》に扉《とびら》があったり、床《ゆか》には天窓《てんまど》があったりした。のぼった先《さき》に何《なに》もない階段《かいだん》、秘密《ひみつ》の通《つう》路《ろ》、入《い》り口《ぐち》が一《ひと》つで出口《でぐち》が3つある部屋《へや》、開《あ》けると真下《ました》の庭《にわ》に落《お》ちてしまう危険《きけん》なドアもあった。

サラは自分専用《じぶんせんよう》の寝室《しんしつ》をいくつももっていた。これは幽霊《ゆうれい》に見《み》つかることを恐《おそ》れて、毎晩違《まいばんちが》う場所《ばしょ》で眠《ねむ》るためだ。

またサラは毎日黒《まいにちくろ》いベールを身《み》に着《つ》けた。そして、彼女《かのじょ》の顔《かお》を見《み》た使用人《しようにん》をクビにした。

こうして彼女《かのじょ》の家《いえ》にできあがったものを、ざっとまとめるとこうだ。

・ドア……約《やく》2000個《こ》
・窓《まど》……約《やく》1万枚《まんまい》
・暖炉《だんろ》……47個《こ》
・階段《かいだん》……40カ所《しょ》
・バスルーム……13室《しつ》
・キッチン……6室《しつ》

✦そして、本物《ほんもの》の幽霊屋敷《ゆうれいやしき》に……✦

現在《げんざい》サラの屋敷《やしき》は、ツアーガイドの案内《あんない》で見学《けんがく》ができる。ただ、ガイドは3階《かい》の廊《ろう》下《か》を通《とお》ろうとはしない。不可思議《ふかしぎ》な足音《あしおと》や声《こえ》が聞《き》こえるからだ。

他《ほか》にも、フワフワと浮《う》かぶ光《ひかり》の球体《きゅうたい》を見《み》たり、誰《だれ》もいない部屋《へや》にあるオルガンの音《おと》を聞《き》いたり、何者《なにもの》かに髪《かみ》を引《ひ》っ張《ぱ》られる経《けい》験《けん》をしたことがあるそうだ。

さらに、屋敷《やしき》の地下室《ちかしつ》にはサラに尽《つ》くした庭師《にわし》クライドの幽霊《ゆうれい》が出《で》る。そして多《おお》くの人《ひと》が実際《じっさい》にその姿《すがた》を見《み》ているという。

幽霊船《ゆうれいせん》クイーン・メリー

カリフォルニア州《しゅう》のロングビーチ港《こう》には、古《ふる》い豪華客船《ごうかきゃくせん》が横《よこ》たわっている。「クイーン・メリー」だ。

現在《げんざい》は、係留《けいりゅう》されてホテルやレストラン、博物館船《はくぶつかんせん》として、多《おお》くの観光客《かんこうきゃく》を乗《の》せているが、かつては1936年《ねん》からイギリスとニューヨークの間《あいだ》を運航《うんこう》していた巨大《きょだい》な客船《きゃくせん》だった。

このクイーン・メリー、「昔《むかし》の雰囲気《ふんいき》を楽《たの》しみたい」という人《ひと》はもちろん、なんと「幽霊《ゆうれい》を見《み》てみたい」という人《ひと》からも人気《にんき》が高《たか》い。

というのも、なんと130~150人《にん》もの幽霊《ゆうれい》が住《す》み憑《つ》いているというウワサがあるのだ。

✦個性的《こせいてき》な幽霊《ゆうれい》たち✦

クイーン・メリーで見《み》られる、最《もっと》も有名《ゆうめい》な幽霊《ゆうれい》たちを紹介《しょうかい》していこう。

◆プールをさまよう幽霊《ゆうれい》たち

クイーン・メリーには2つのプールがある。今《いま》はどちらも、本来《ほんらい》の目的《もくてき》には使用《しよう》されていないが、幽霊《ゆうれい》たちには関係《かんけい》がないようだ。

ファーストクラス用《よう》のスイミングプールで見《み》られるのは、1930年代《ねんだい》のデザインの水着《みずぎ》を着《き》た女性《じょせい》の霊《れい》だ。現在《げんざい》、プールには水《みず》が入《はい》っていないが、水《みず》しぶきの音《おと》が聞《き》こえたり、プールサイドに濡《ぬ》れた足跡《あしあと》がついていることがあるという。

足《あし》を滑《すべ》らせて死《し》んだ、3歳《さい》の女《おん》の子《こ》の霊《れい》も有名《ゆうめい》だ。テディベアを抱《かか》え、今《いま》でもママを探《さが》してさまよっている。

2等《とう》クラスの宿泊者用《しゅくはくしゃよう》のプールに出《で》るのは、ジャッキーと名付《なづ》けられた女《おん》の子《こ》の幽《ゆう》霊《れい》だ。このプールで溺《おぼ》れて亡《な》くなった5歳《さい》の女《おん》の子《こ》の霊《れい》で、時折《ときおり》、彼女《かのじょ》の声《こえ》や笑《わら》い声《ごえ》

がプールに響《ひび》きわたる。

◆ジョン・ペダーの霊《れい》

1966年《ねん》、訓練中《くんれんちゅう》にエンジン室《しつ》の分厚《ぶあつ》いドアに挟《はさ》まれて亡《な》くなった若《わか》い船員《せんいん》。青《あお》い服《ふく》とヒゲが特徴《とくちょう》で、なんと幽霊《ゆうれい》になったペダーと話《はな》した人《ひと》も存在《そんざい》する。

このエンジン室《しつ》の扉《とびら》の付近《ふきん》では、飛《と》び交《か》う謎《なぞ》の光《ひかり》の球体《きゅうたい》を見《み》た人《ひと》もいる。

◆クイーンズサロンの女性《じょせい》

かつて船《ふね》のファーストクラスのラウンジとして機能《きのう》していたクイーンズサロンでは、エレガントな白《しろ》いイブニングドレスを着《き》た美《うつく》しい若《わか》い女性《じょせい》の霊《れい》が、部屋《へや》の隅《すみ》で一人《ひとり》で踊《おど》っている姿《すがた》が見《み》られる。

カナダ

イギリス移民《いみん》が多《おお》いカナダは、幽霊話《ゆうれいばなし》が豊富《ほうふ》だ。特《とく》に水《みず》に関《かん》する話《はなし》が多《おお》いのは、「世界《せかい》の半分《はんぶん》の湖《みずうみ》はカナダにある」と、言《い》われるほどだからかもしれない。

ナイアガラの悲鳴《ひめい》をあげるトンネル

カナダの中東部《ちゅうとうぶ》に位置《いち》するオンタリオ州《しゅう》は、カナダでも最《もっと》も人口《じんこう》の多《おお》い州《しゅう》だ。

また世界三大瀑布《せかいさんだいばくふ》の一《ひと》つ「ナイアガラの滝《たき》」でも有名《ゆうめい》で、世界中《せかいじゅう》から多《おお》くの観光客《かんこうきゃく》が訪《おとず》れる。

このナイアガラの滝《たき》の近《ちか》くに、叫《さけ》び声《ごえ》をあげる女《おんな》の子《こ》の幽霊《ゆうれい》が出《で》るトンネルがあるという。

かつて、トンネルの周《まわ》りにはいくつかの

家《いえ》が建《た》ち並《なら》んでいた。そのうちの一軒《いっけん》の家《いえ》に、アルコール依存症《いぞんしょう》の父親《ちちおや》を持《も》つ一家《いっか》がいた。

父親《ちちおや》はお酒《さけ》を飲《の》んでは、しばしば家族《かぞく》に暴力《ぼうりょく》をふるっていたのだが、その日《ひ》はすさまじいものだった。

母親《ははおや》は娘《むすめ》をそんな家《いえ》から逃《に》がしたが、それを見《み》た父親《ちちおや》は怒《いか》り狂《くる》った。

「逃《に》げるな!」

追《お》いすがる妻《つま》を地面《じめん》に叩《たた》きつけ、娘《むすめ》の後《あと》を追《お》った。

娘《むすめ》である女《おんな》の子《こ》は逃《に》げに逃《に》げ、真《ま》っ暗《くら》なトンネルの中《なか》に入《はい》った。

✦私《わたし》の体《からだ》が、燃《も》えている!✦

女《おんな》の子《こ》は、トンネルの暗《くら》がりをそろそろと歩《ある》いた。

その時《とき》、背後《はいご》の足音《あしおと》と激《はげ》しい息《いき》づかいに気《き》づいたと同時《どうじ》に、液体《えきたい》が自分《じぶん》の体《からだ》に注《そそ》がれたのを感《かん》じた。

「冷《つめ》たい」

と思《おも》ったのもつかの間《ま》、火《ひ》がともったかと思《おも》うと、自分《じぶん》の体《からだ》が勢《いきお》いよく燃《も》え始《はじ》めた。

液体《えきたい》は油《あぶら》だった。少女《しょうじょ》は、

「キャー、イヤー!!!」

と、叫《さけ》び声《ごえ》をあげながら、水《みず》を求《もと》めて逃《に》げまどったが、重《おも》い火傷《やけど》を負《お》ってそのまま死《し》んでしまった。

それからというもの、夜《よる》にトンネルに入《はい》り、真《ま》ん中付近《なかふきん》でマッチで火《ひ》をつけると、焼《や》け死《し》んだ女《おんな》の子《こ》の幽霊《ゆうれい》が現《あらわ》れ、すさまじい悲鳴《ひめい》をあげるのだそうだ。

カナダ沖《おき》をさまよう幽霊船《ゆうれいせん》

カナダには、幽霊船《ゆうれいせん》にまつわるウワサが少《すく》なくない。

中《なか》でもカナダ東部《とうぶ》に位置《いち》するノバスコシア州《しゅう》で目撃《もくげき》される「ヤングティージャー」は有名《ゆうめい》な幽霊船《ゆうれいせん》だ。この船《ふね》は、1812年《ねん》の米英戦争《べいえいせんそう》で爆発《ばくはつ》した船《ふね》だ。

戦争時《せんそうじ》は、民間《みんかん》の船《ふね》であっても当《あ》たり前《まえ》のように攻撃《こうげき》された。ヤングティージャーもアメリカ軍《ぐん》によって船《ふね》は燃《も》やし尽《つ》くされ、73人《にん》の乗組員《のりくみいん》のうち、約《やく》30人《にん》が死亡《しぼう》した。

しかしその1年後《ねんご》、なんと、

「沖《おき》で燃《も》えさかる
ヤングティージャーを見《み》た」

というウワサが聞《き》かれ始《はじ》めた。

船《ふね》が出没《しゅつぼつ》するのはヤングティージャーが爆発《ばくはつ》した場所《ばしょ》だ。

燃《も》える船《ふね》が現《あらわ》れたかと思《おも》うと、薄《うす》い空気《くうき》の中《なか》に消《き》え去《さ》ったという。多《おお》い時《とき》は数百人《すうひゃくにん》が、目撃《もくげき》している。

燃《も》える船《ふね》は海岸《かいがん》のすぐそばを通《とお》ることもあった。

その様子《ようす》を目《め》にした人《ひと》の中《なか》には、

「炎上《えんじょう》する幽霊船《ゆうれいせん》を逃《のが》れようとする船員《せんいん》の姿《すがた》を見《み》た」

という人《ひと》や、

「船員《せんいん》の叫《さけ》び声《ごえ》を聞《き》いた」

という人《ひと》もいる。

✦燃《も》えていた船《ふね》が、消《き》えた✦

ヤングティージャーが出没《しゅつぼつ》する、ノバスコシア州近辺《しゅうきんぺん》の海域《かいいき》は、他《ほか》にも幽霊船《ゆうれいせん》が目撃《もくげき》されている。

激《はげ》しい炎《ほのお》に包《つつ》まれた美《うつく》しい帆船《はんせん》も、有名《ゆうめい》な幽霊船《ゆうれいせん》の一《ひと》つだ。

この帆船《はんせん》には、こんなエピソードが語《かた》られている。

1900年《ねん》、プリンスエドワードアイランド州《しゅう》の州都《しゅうと》、シャーロットタウンの港《みなと》に、

「沖《おき》に燃《も》えている船《ふね》がある」

という報告《ほうこく》が届《とど》いた。

港《みなと》の人々《ひとびと》は炎上《えんじょう》する船《ふね》に向《む》かい、ただちに救助船《きゅうじょせん》を出《だ》した。

しかし、炎上《えんじょう》した船《ふね》のそばにようやく到着《とうちゃく》し、いざ救出作業《きゅうしゅつさぎょう》をしようとしたところ

……なんと、みるみるうちに、すうっと船《ふね》そのものが消《き》えてしまったのだ。

その後《ご》、近辺《きんぺん》が調査《ちょうさ》されたが、難破船《なんぱせん》すら見《み》つからなかったそうだ。

美《うつく》しき豪華《ごうか》ホテルの「住人《じゅうにん》」

カナダ西部《せいぶ》に位置《いち》するアルバータ州《しゅう》は、カナディアンロッキーや、氷河湖《ひょうがこ》が集《あつ》まる、自然豊《しぜんゆた》かな場所《ばしょ》として有名《ゆうめい》だ。

このアルバータ州《しゅう》に、カナダでも有数《ゆうすう》の豪華《ごうか》ホテル「バンフ・スプリングス・ホテル」がある。

「ロッキー山脈《さんみゃく》の城《しろ》」とも呼《よ》ばれ、イギリス王室《おうしつ》をはじめ、マリリン・モンローやヘレン・ケラーなど、たくさんの有名人《ゆうめいじん》が宿泊《しゅくはく》したことでも知《し》られる。

一方《いっぽう》で、「アルバータ州《しゅう》で最《もっと》も幽霊《ゆうれい》の多《おお》い建物《たてもの》」としても有名《ゆうめい》だ。

もちろんホテル側《がわ》は、幽霊《ゆうれい》のウワサは否《ひ》定《てい》している。しかし「出《で》る」というウワサは絶《た》えない。

◆ホテルの代表的《だいひょうてき》な幽霊《ゆうれい》◆

ではここで、よく語《かた》られる幽霊《ゆうれい》について紹介《しょうかい》しよう。

◆燃《も》える花嫁《はなよめ》

1930年代《ねんだい》はじめ、裕福《ゆうふく》な家庭《かてい》の女性《じょせい》が、このホテルで結婚式《けっこんしき》をあげることになった。

女性《じょせい》はウェディングドレスがうれしくて、ドレスをまとったまま、宴会《えんかい》の準備《じゅんび》を見《み》てまわっていた。そして大理石《だいりせき》の階段《かいだん》を降《お》りようとしたときのことだ。

階段《かいだん》に置《お》かれていたろうそくの火《ひ》がドレスのすそに燃《も》え移《うつ》り、そのまま焼《や》け死《し》んでしまった。

一説《いっせつ》によると、階段《かいだん》でドレスのすそを踏《ふ》んでしまい、足《あし》をすべらせ、そのまま転《ころ》が

バンフ・スプリングス・ホテル

り落《お》ちて首《くび》の骨《ほね》を折《お》って死《し》んだというものもある。

とにかく、この階段《かいだん》で、ウェディングドレス姿《すがた》の女性《じょせい》が亡《な》くなってしまった。

それからというもの、ウェディングドレスを着《き》た幽霊《ゆうれい》が、大理石《だいりせき》の階段《かいだん》を歩《ある》く姿《すがた》が目撃《もくげき》されるようになった。

その時《とき》、目撃者《もくげきしゃ》たちは階段《かいだん》から、氷《こおり》のような冷《つめ》たい風《かぜ》を感《かん》じるのだそうだ。

他《ほか》にも、ウェディングドレス姿《すがた》の女性《じょせい》の幽霊《ゆうれい》がダンスをする姿《すがた》が、ホテルの従業員《じゅうぎょういん》らによって目撃《もくげき》されている。また、「誰《だれ》もいないはずのブライダルスイート室《しつ》から、奇妙《きみょう》なもの音《おと》が聞《き》こえてきた」というウワサもある。

◆ベルマン、サムの幽霊《ゆうれい》

1960年《ねん》から約《やく》15年間《ねんかん》、ベルマンとしてホテルで雇《やと》われていた、サムという名前《なまえ》の従業員《じゅうぎょういん》の幽霊《ゆうれい》も有名《ゆうめい》だ。

決《けっ》して悪《わる》さをする霊《れい》ではなく、ホテルのために、亡《な》くなった今《いま》も働《はたら》いているのだという。

たとえば、こんな話《はなし》がある。

ある二人《ふたり》の年配《ねんぱい》の女性《じょせい》が、部屋《へや》のドアに鍵《かぎ》を差《さ》し込《こ》んだところ、反応《はんのう》しないことに気《き》がついた。

「さっきは使《つか》えたのに、どうして？」

と、慌《あわ》ててフロントに電話《でんわ》をかけ、ベルマンに助《たす》けを求《もと》めた。

しかしその時《とき》、ベルマンは別《べつ》の作業《さぎょう》をしていたため、部屋《へや》へ到着《とうちゃく》するのが遅《おそ》くなってしまった。

「すみません、お待《ま》たせしました」

と、ベルマンが駆《か》けつけたところ、女性《じょせい》たちはすでに部屋《へや》の中《なか》にいた。

「鍵《かぎ》、大丈夫《だいじょうぶ》でしたか？」

と聞《き》いたところ、なんと女性《じょせい》たちは、

「別《べつ》のベルマンが来《き》て、助《たす》けてくれたの」

と、言《い》うではないか！

どんなベルマンだったか聞《き》いてみると、女性《じょせい》たちが見《み》たベルマンは、一昔前《ひとむかしまえ》の制服《せいふく》を身《み》にまとっていたという。よくよく聞《き》くと、亡《な》くなったサムと風貌《ふうぼう》が完全《かんぜん》に一致《いっち》していた。

ちなみにサムは、ベルマンの仕事《しごと》に誇《ほこ》りを持《も》っていて、

「死《し》んでも、必《かなら》ずまたこの仕事場《しごとば》に

帰《かえ》ってくる」
という言葉《ことば》を生前《せいぜん》からよく口《くち》にしていた
という。
サムの幽霊《ゆうれい》は、特《とく》にホテルの7階《かい》と9階《かい》
でよく目撃《もくげき》されるという。
また、お客《きゃく》さんのために見《み》えない手《て》でドアを開《あ》けたり、ルームライトをつけてあげたり、バッグを運《はこ》ぶ作業《さぎょう》を手伝《てつだ》うこともあるのだそうだ。

◆873号室《ごうしつ》

この部屋《へや》は閉鎖《へいさ》されていて、ドアは開《あ》かないようになっている。その理由《りゆう》はズバリ、

幽霊《ゆうれい》だ。

ウワサによると、昔《むかし》、夫婦《ふうふ》と娘《むすめ》の家族《かぞく》が、この部屋《へや》に泊《と》まっていた。

その時《とき》、いったい何《なに》があったのかわからないが、夫《おっと》が妻《つま》と娘《むすめ》を殺《ころ》し、その後《ご》、自殺《じさつ》してしまったのだ。

客室内《きゃくしつない》は血《ち》まみれになっていた。死体《したい》はすぐに運《はこ》び出《だ》され、キレイに掃除《そうじ》がなされ、もとの部屋《へや》に戻《もど》された。

しかし、ホテルのスタッフが部屋《へや》のバスルームを掃除《そうじ》していたところ、鏡《かがみ》に血《ち》まみれの指紋《しもん》がついているのを見《み》つけた。

「ピカピカに磨《みが》いたはずなのに」

と、改《あらた》めてふきとったが、血《ち》の指紋《しもん》はまたすぐに現《あらわ》れた。

実《じつ》は、殺《ころ》された娘《むすめ》が、死《し》の間際《まぎわ》に、この鏡《かがみ》に手《て》を押《お》し当《あ》てていたのだ。

「怖《こわ》い！」

という訴《うった》えを受《う》け、他《ほか》のスタッフが拭《ふ》き取《と》ってみても、同《おな》じことが起《お》こった。

また、この部屋《へや》に泊《と》まった宿泊客《しゅくはくきゃく》から「夜中《よなか》に、女性《じょせい》と女《おんな》の子《こ》の叫《さけ》び声《ごえ》が聞《き》こえる」

という、クレームが相次《あいつ》いだ。

部屋《へや》は閉鎖《へいさ》されたが、魂《たましい》はまだその中《なか》をただよっているようだ。廊下《ろうか》を歩《ある》いていると、中《なか》から女性《じょせい》と子《こ》どもの叫《さけ》び声《ごえ》が聞《き》こえることがあるという。

◆バーテンダーの幽霊《ゆうれい》

ホテルのバーエリアにも幽霊《ゆうれい》が出《で》るという。なんと、バグパイプを吹《ふ》く、頭《あたま》のない幽霊《ゆうれい》だそうで、お客《きゃく》さんがかなり酔《よ》っぱらった頃《ころ》に現《あらわ》れるのだそうだ。

◆シークレットルーム

現在《げんざい》は石造《いしづく》りのお城《しろ》のようなホテルだが、元々《もともと》は木造《もくぞう》だった。というのも、1926年《ねん》に大火災《だいかさい》がホテルを襲《おそ》った。現在《げんざい》のホテルは、建《た》て直《なお》されたものなのだ。

さて、火災《かさい》の後《あと》、多《おお》くの不思議《ふしぎ》な点《てん》が指摘《してき》された。

業者《ぎょうしゃ》が建築《けんちく》の際《さい》にミスをしたのか、窓《まど》がない部屋《へや》や、ドアのない部屋《へや》など、多《おお》くの「空《から》の部屋《へや》」が見《み》つかったのだそうだ。

実《じつ》は、この「秘密《ひみつ》の」部屋《へや》が発見《はっけん》されたあたりこそ、今《いま》も奇妙《きみょう》なもの音《おと》や、幽霊《ゆうれい》が現《あらわ》れている場所《ばしょ》なのではないかという。

メキシコ

マヤ、アステカの文明《ぶんめい》が根底《こんてい》にある
メキシコは、もともと精霊《せいれい》などの
「超自然《ちょうしぜん》」に対《たい》する信仰心《しんこうしん》が強《つよ》い。
そのため、幽霊《ゆうれい》にまつわる話《はなし》も多《おお》い。

ネットで広《ひろ》まった降霊術《こうれいじゅつ》チャーリーゲーム

「コックリさん」「エンジェルさん」といった、霊《れい》を呼《よ》び出《だ》す遊《あそ》びを、耳《みみ》にしたことはないだろうか？　今《いま》、メキシコでは「チャーリーゲーム」や「チャーリー・チャーリー」と呼《よ》ばれる、悪魔《あくま》を呼《よ》び出《だ》すゲームが流行《りゅうこう》しているという。

やり方《かた》は簡単《かんたん》だ。

紙《かみ》の真《ま》ん中《なか》に、鉛筆《えんぴつ》でたてと横《よこ》の線《せん》、つまり十字形《じゅうじがた》を書《か》く。

そして左上《ひだりうえ》と右下《みぎした》のワクの中《なか》に「YES《イエス》（はい）」、右上《みぎうえ》と左下《ひだりした》に「NO《ノー》（いいえ）」という言葉《ことば》を書《か》きこむ。

そして、十字《じゅうじ》の線《せん》に沿《そ》って、鉛筆《えんぴつ》を重《かさ》ねるように置《お》く。

準備《じゅんび》ができたら、

「チャーリー、チャーリー、あなたはそこにいますか？」

とたずねると、なんと誰《だれ》も手《て》を触《ふ》れていないのに、勝手《かって》に鉛筆《えんぴつ》が「はい」の方向《ほうこう》に動《うご》くのだという。

この降霊術《こうれいじゅつ》のウワサは、ユーチューブ、

ツイッターやインスタグラムといったSN《エスエヌ》S《エス》でまたたくまにメキシコ中《じゅう》に広《ひろ》がり、さらに全世界《ぜんせかい》でウワサになった。

「鉛筆《えんぴつ》を動《うご》かしているのは、メキシコの悪《あく》魔《ま》だ」

とも言《い》われているが、この現象《げんしょう》を調《しら》べたイギリスの放送局《ほうそうきょく》によると、メキシコの民《みん》間伝承《かんでんしょう》には「チャーリー」という悪魔《あくま》はいないのだという。

その名前《なまえ》から、

「ブラッディー・メアリーのように、アメリカ人《じん》が作《つく》り出《だ》したものだ」

ともウワサされている。

✦本当《ほんとう》だった恐怖《きょうふ》のゲーム✦

しかし……。10歳《さい》になるモニカは、友達《ともだち》とこんな体験《たいけん》をした。放課後《ほうかご》、家《いえ》に帰《かえ》ろうとカバンに教科書《きょうかしょ》を入《い》れていると、友達《ともだち》のマリアナから、

「チャーリーっていう怖《こわ》いウワサのあれ、してみない？」

と、声《こえ》をかけられた。

面白《おもしろ》そうだなと思《おも》ったモニカは、何人《なんにん》かの友達《ともだち》と連《つ》れ立《だ》って、マリアナの家《いえ》を訪《おとず》れた。

マリアナの家《いえ》には、誰《だれ》もいなかった。

「大人《おとな》がいないのにいいの？」

と、モニカが聞《き》く前《まえ》に、チャーリーの準《じゅん》備《び》はそそくさと整《ととの》えられ、マリアナを含《ふく》めた3人《にん》が代表《だいひょう》になって、

「チャーリー、チャーリー」

と霊《れい》を呼《よ》び出《だ》し始《はじ》めた。すると、本当《ほんとう》に鉛筆《えんぴつ》がくるくると動《うご》いた。


「キャー！」

ウワサが本当《ほんとう》だったと、それだけで驚《おどろ》いて逃《に》げ帰《かえ》る人《ひと》もいたが、モニカはその場《ば》から動《うご》けなかった。

✦霊《れい》が、帰《かえ》ってくれない！✦

マリアナたちは興奮《こうふん》しながらも、ゲームを進《すす》めた。そして、誰《だれ》かが奇妙《きみょう》なことを言《い》い出《だ》した。

「あなたはネコを食《た》べますか？」

「はい」

「生《なま》で食《た》べますか？」

「はい」

「人間《にんげん》は食《た》べますか？」

恐《おそ》ろしくなったモニカは、

「やめて！」

と大声《おおごえ》で叫《さけ》んだ。すると鉛筆《えんぴつ》はクルクル

と動《うご》き出《だ》し、いくら「ストップ」と言《い》っても止《と》まらなくなった。

「チャーリーさん、やめてもいいですか?」

と、今《いま》にも泣《な》き出《だ》しそうな声《こえ》でマリアナが言《い》った。

この言葉《ことば》を告《つ》げると、チャーリーは帰《かえ》ってくれると言《い》われていたからだ。

しかし、鉛筆《えんぴつ》はくるくると周《まわ》り続《つづ》け、そればかりか、部屋全体《へやぜんたい》がグラグラと揺《ゆ》れ始《はじ》めた。

そこからモニカの記憶《きおく》はない。

気《き》がつくと自分《じぶん》の家《いえ》のベッドで寝《ね》ていた。モニカの母親《ははおや》が心配《しんぱい》そうにそんなモニカをのぞき込《こ》んでいた。

次《つぎ》の日《ひ》、マリアナと、チャーリーゲームに参加《さんか》した友達《ともだち》は学校《がっこう》に来《こ》なかった。次《つぎ》の日《ひ》も次《つぎ》の日《ひ》も来《こ》なかった。

彼女《かのじょ》たちがその後《ご》どうなったのか、誰《だれ》も口《くち》にすることはなかったという。

モニカは、鉛筆《えんぴつ》と紙《かみ》を見《み》ていると、ふとチャーリーに
「マリアナたちはどうしていますか?」

と聞《き》きたくなる衝動《しょうどう》にかられるのだそうだ。

呪《のろ》われた人形《にんぎょう》の島《しま》、ソチミルコ

メキシコシティから28キロほど南《みなみ》へ行《い》った場所《ばしょ》に、ソチミルコというメキシコシティの行政区《ぎょうせいく》がある。

水路《すいろ》がはりめぐらされた、自然豊《しぜんゆた》かなこの町《まち》の、人工《じんこう》の美《うつく》しい島々《しまじま》にみせられ、訪《おとず》れる観光客《かんこうきゃく》も多《おお》い。

しかし、そんな島々《しまじま》のちょうど中央《ちゅうおう》に、世《よ》にも恐《おそ》ろしい島《しま》がある。

その名《な》は「人形島《にんぎょうじま》」。

作《つく》り出《だ》したのは、この地《ち》に住《す》む男性《だんせい》、ドン・ジュリアンだ。

50年以上《ねんいじょう》も前《まえ》のこと。

ジュリアンは、この島《しま》の付近《ふきん》を散歩《さんぽ》していたところ、女《おんな》の子《こ》が運河《うんが》で溺《おぼ》れているのを見《み》つけた。ジュリアンはなんとか助《たす》けようとしたが、女《おんな》の子《こ》は死《し》んでしまった。

「かわいそうに！」

ジュリアンはなげき、悲《かな》しんだ。

しかし、ジュリアンは次第《しだい》に、

「女《おんな》の子《こ》の幽霊《ゆうれい》に取《と》り憑《つ》かれた」

と、悩《なや》むようになった。

そこでジュリアンは、女《おんな》の子《こ》の霊《れい》をなぐさめてあげようと、女《おんな》の子《こ》が溺《おぼ》れ死《し》んだ場所《ばしょ》に浮《う》かんでいた人形《にんぎょう》を木《き》に吊《つ》るしてあげた。

そうしてジュリアンは、壊《こわ》れた人形《にんぎょう》を見《み》つけるたびに、島《しま》にそれらを吊《つ》るすように

人形島《にんぎょうじま》の人形《にんぎょう》たち

なった。
まるで、女《おんな》の子《こ》の幽霊《ゆうれい》に対《たい》する、いけにえのように……。

✦魂《たましい》を宿《やど》す、人形《にんぎょう》たち✦

さて、ジュリアンの人形島《にんぎょうじま》には迷《まよ》い込《こ》んでくる観光客《かんこうきゃく》も少《すく》なくなかった。そして、**その誰《だれ》もが恐怖《きょうふ》の悲鳴《ひめい》をあげた。**

島《しま》の木々《きぎ》には、みっしりと、頭《あたま》だけの人《にん》形《ぎょう》、手足《てあし》がない人形《にんぎょう》、体《からだ》の一部《いちぶ》が奇妙《きみょう》にねじまがった人形《にんぎょう》、焼《や》け焦《こ》げたような人形《にんぎょう》、目《め》や鼻《はな》、髪《かみ》の毛《け》がない人形《にんぎょう》、人形《にんぎょう》、人形《にんぎょう》、人形《にんぎょう》、**人形《にんぎょう》の群《む》れ**が吊《つ》るされていたからだ。

釘《くぎ》で木《き》に打《う》ちつけられている人形《にんぎょう》もたくさんあった。

空洞《くうどう》の目《め》にクモの巣《す》がはりめぐらされた人形《にんぎょう》もいたし、体《からだ》の中《なか》に、腐《くさ》ったネズミの死骸《しがい》を宿《やど》す人形《にんぎょう》もいた。

ヘビのねぐらになっている人形《にんぎょう》もいた。

中《なか》には、死《し》んだ子《こ》どものようにも見《み》える人《にん》形《ぎょう》もいたという。

島《しま》を訪《おとず》れた人《ひと》は、

「木に吊《つ》り下《さ》げられた人形《にんぎょう》が、一斉《いっせい》に自《じ》分《ぶん》たちのほうを見《み》た」

「人形《にんぎょう》が頭《あたま》を動《うご》かして、ささやきあっていた」

などと、自分《じぶん》が感《かん》じた恐怖《きょうふ》の体験《たいけん》を、ウワサしあった。

その後《ご》も、人形《にんぎょう》は増《ふ》え続《つづ》け、50年《ねん》ほどの間《あいだ》に、木《き》に吊《つ》るされた人形《にんぎょう》は約《やく》1500体《たい》にもなっていた。

2001年《ねん》、ジュリアンは80歳《さい》で亡《な》くなった。不思議《ふしぎ》なことに、人形《にんぎょう》たちが吊《つ》るされるきっかけとなった、あの女《おんな》の子《こ》が浮《う》かんでいた場所《ばしょ》で、同《おな》じような姿《すがた》で溺《おぼ》れ死《し》んでいたのだという。

ジュリアンの人形《にんぎょう》たちはまだ、ジュリアンが吊《つ》るした姿《すがた》のまま、島《しま》に残《のこ》されている。

あの死《し》んだ女《おんな》の子《こ》の人形《にんぎょう》も、今《いま》もなお、小屋《こや》の入《い》り口《ぐち》の木《き》の幹《みき》に縛《しば》りつけられたままになっているのだそうだ。

行《い》ってみたい……？

世界《せかい》の心霊《しんれい》スポット

怪奇現象《かいきげんしょう》が起《お》きたり、幽霊《ゆうれい》のウワサがあるという「心霊《しんれい》スポット」。世界《せかい》には、そんな恐《おそ》ろしい場所《ばしょ》がたくさんあるよ。いつか、あなたも行《い》ってみたい……？

恐怖《きょうふ》の刑務所《けいむしょ》　アメリカ

ペンシルバニア州《しゅう》フィラデルフィアにある刑務所《けいむしょ》。今《いま》は廃墟《はいきょ》になっているが、「影《かげ》が見《み》えた」「この世《よ》のものではない声《こえ》がする」など、幽霊《ゆうれい》や怪現象《かいげんしょう》のウワサが絶《た》えないという。かなり過酷《かこく》な拷問《ごうもん》が行《おこな》われていたというから、死《し》んだ罪人《ざいにん》たちの声《こえ》なのだろうか。現在《げんざい》、ナイトツアーなどもあり、人気《にんき》の観光《かんこう》スポットになっているそうだ。

イースタン州立刑務所《しゅうりつけいむしょ》

呪《のろ》われた家《いえ》　イタリア

イタリア北東部《ほくとうぶ》、フェラーラ県《けん》には、ヴィラ・マグノーニという幽霊屋敷《ゆうれいやしき》がある。あるとき、ウワサを聞《き》いて肝試《きもだめ》しをした若者《わかもの》がいた。すると、誰《だれ》もいないはずの屋《や》敷《しき》に老婆《ろうば》が現《あらわ》れ、子《こ》どもの叫《さけ》び声《ごえ》がしたそうだ。そして、若者《わかもの》たちが慌《あわ》てて逃《に》げ帰《かえ》る途中《とちゅう》、4人《にん》のうち3人《にん》が事故死《じこし》したのだとか…。

橋《はし》の下《した》の幽霊《ゆうれい》 インド

インド北東部《ほくとうぶ》にある西《にし》ベンガル州《しゅう》、コルカタには、ガンジズ川《がわ》にかかる大《おお》きな橋《はし》がある。この橋《はし》の下《した》からガンジス川《がわ》をのぞくと、川《かわ》の中《なか》から「人間以外《にんげんいがい》の何《なに》か」が手《て》を振《ふ》ってくるという。ガンジス川《がわ》で溺《おぼ》れ死《し》んだ人《ひと》や、自殺《じさつ》をした人《ひと》の幽霊《ゆうれい》だと言《い》われているそうだ。

ガンジス川《がわ》（コルカタ）

魔《ま》の森《もり》 ルーマニア

トランシルヴァニア地方《ちほう》の北部《ほくぶ》に、ホィア・バキューという森《もり》が広《ひろ》がっている。「ルーマニアの魔《ま》の三角地帯《さんかくちたい》」とも呼《よ》ばれており、数《かず》多《おお》くの超現象《ちょうげんしょう》があるのだとか。

森《もり》に入《はい》ると、発疹《はっしん》や発熱《はつねつ》、頭痛《ずつう》、やけど、極度《きょくど》の乾《かわ》きなど体《からだ》の異常《いじょう》を訴《うった》える人《ひと》が続出《ぞくしゅつ》するそうだ。これは、森《もり》で亡《な》くなった人《ひと》の霊《れい》が取《と》り憑《つ》いたからだとも言《い》われている。

まだまだある…！ こんな心霊《しんれい》スポット

●**昆池岩《コンジアム》精神病院《せいしんびょういん》（韓国《かんこく》）**

韓国最強《かんこくさいきょう》の心霊《しんれい》スポットと呼《よ》ばれる廃墟《はいきょ》。幽霊《ゆうれい》の目撃情報《もくげきじょうほう》が絶《た》えないそうだ。現在《げんざい》は立《た》ち入《い》り禁止《きんし》だ。

●**オラドゥール＝シュル＝グラヌ（フランス）**

1944年、ナチス武装親衛隊《ぶそうしんえいたい》によって、600名以上《めいいじょう》の村人《むらびと》が虐殺《ぎゃくさつ》された村《むら》。1日《にち》でゴーストタウンとなったこの村《むら》では、現在《げんざい》でも幽霊《ゆうれい》のウワサが絶《た》えないのだそうだ。

●**ポートアーサー（オーストラリア）**

オーストラリアのタスマニア島《とう》にある刑務所《けいむしょ》。脱出不可能《だっしゅつふかのう》の流刑地《るけいち》と呼《よ》ばれ、2000を超《こ》える幽霊《ゆうれい》がいると言《い》われている。ユネスコの世界《せかい》遺産《いさん》にも登録《とうろく》された場所《ばしょ》だ。

ブラジル

10カ国《こく》の国々《くにぐに》と接《せっ》するブラジルは、
南米大陸最大《なんべいたいりくさいだい》の面積《めんせき》と人口《じんこう》を持《も》つ。
「文化《ぶんか》の泉《いずみ》」とも呼《よ》ばれていて、
怖《こわ》い話《はなし》も湧《わ》き出《で》るように生《う》まれている。

教会《きょうかい》の死者《ししゃ》の集団《しゅうだん》

これはブラジルでよく知《し》られる怪談《かいだん》の一《ひと》つだ。

ブラジルの南東部《なんとうぶ》にあるミナスジェライス州《しゅう》に、サン・ジョアン・デル・レイという歴史的《れきしてき》な街《まち》がある。

この街《まち》では、1900年《ねん》ごろ、不思議《ふしぎ》な事件《じけん》が起《お》きている。

墓地《ぼち》の隣《となり》にある、小《ちい》さな教会《きょうかい》で起《お》きた話《はなし》だ。

この教会《きょうかい》に、世話人《せわにん》として暮《く》らすジョアンという聖職者《せいしょくしゃ》がいた。

ある夜《よる》、部屋《へや》で寝《ね》ていたジョアンは、礼拝堂《れいはいどう》の物音《ものおと》で目《め》が覚《さ》めた。

「こんな夜中《よなか》に誰《だれ》が？」

と、思《おも》ったが、雨季《うき》の寒《さむ》い夜《よる》だ。一度《いちど》は毛布《もうふ》にもぐりこんだが、

「やっぱり気《き》になる」

と、明《あ》かりを手《て》にすると、まっすぐ礼拝《れいはい》堂《どう》に向《む》かった。

教会《きょうかい》は貧《まず》しく、お金《かね》になるようなものは何《なに》もなかった。

「泥棒《どろぼう》だとしても、それを知《し》っているはずでは？」

不思議《ふしぎ》には思《おも》ったが、胸騒《むなさわ》ぎが止《と》まらなかった。

✦幽霊《ゆうれい》たちのミサ✦

そろりと、ジョアンが礼拝堂《れいはいどう》をのぞくと、なんと、中《なか》は信者《しんじゃ》たちでいっぱいになっていた。ミサの準備《じゅんび》も完璧《かんぺき》にととのっていて、祭壇《さいだん》の上《うえ》では、司祭《しさい》がミサを行《おこな》っていた。

しかし、不思議《ふしぎ》なことに信者《しんじゃ》たちは誰《だれ》もが暗《くら》い服《ふく》を着《き》ていて、頭《あたま》を低《ひく》くさげていた。

ジョアンが呆然《ぼうぜん》としていると、司祭《しさい》がおもむろに言《い》った。

「主《しゅ》、汝《なんじ》らと共《とも》にあれ」

よくよく見《み》ると、司祭《しさい》の顔《かお》はがい骨《こつ》だった。祭壇《さいだん》にいる男《おとこ》の子《こ》に目《め》をやると、その体《からだ》は透《す》けていた。

部屋《へや》を見渡《みわた》すと、普段《ふだん》は固《かた》く閉《と》じられているはずの、墓地《ぼち》に面《めん》した扉《とびら》が開《ひら》いていることに気《き》がついた。

彼《かれ》はパニックになりつつも、終《お》わりまでその異世界《いせかい》のミサを聞《き》いた。

✦死者《ししゃ》によるミサは各地《かくち》で……✦

ブラジルは他《ほか》にも、似《に》た話《はなし》がある。

夫《おっと》が亡《な》くなり、悲《かな》しみに打《う》ちひしがれる未亡人《みぼうじん》がいた。

シクシクと泣《な》いていたある日《ひ》の夜《よる》。窓《まど》を閉《し》めようとしてふと、通《とお》りに目《め》をやると、教会《きょうかい》に向《む》かう人《ひと》たちが歩《ある》いているのを見《み》つけた。

「夜中《よなか》にミサがあるの？」

と思《おも》いはしたが、

「教会《きょうかい》が開《あ》いているのなら、私《わたし》のこの悲《かな》し

い気持《きも》ちをいやしてほしい」

と、教会《きょうかい》に向《む》かった。

教会《きょうかい》の中《なか》には、すでに人《ひと》がたくさんいたにも関《かか》わらず、シンと静《しず》まり返《かえ》っていた。

「いつものミサと雰囲気《ふんいき》が違《ちが》う」

と思《おも》いながらも、礼拝堂《れいはいどう》の片隅《かたすみ》に着席《ちゃくせき》していた未亡人《みぼうじん》だったが……。

時計《とけい》の針《はり》が深夜《しんや》12時《じ》をさし、鐘《かね》が12回《かい》鳴《な》ったとき、なんとミサそのものが一瞬《いっしゅん》にして消《き》えた。


「キャー!!!」


真《ま》っ暗《くら》な礼拝堂《れいはいどう》の中《なか》に、いきなり一人《ひとり》になった未亡人《みぼうじん》は、パニックになったのだそうだ。

ちなみにこれらの死者《ししゃ》たちの集団《しゅうだん》を目撃《もくげき》したら、近々《ちかぢか》自分《じぶん》が死《し》ぬか、近《ちか》しい人《ひと》が死《し》ぬと言《い》われている。

恐怖《きょうふ》の人形《にんぎょう》伝説《でんせつ》

ブラジルには1989年《ねん》に実際《じっさい》に起《お》きたという、人形《にんぎょう》にまつわる怖《こわ》い話《はなし》がある。

ブラジルの南東部《なんとうぶ》にある、リオデジャネイロ州《しゅう》に、両親《りょうしん》と幼《おさな》い女《おんな》の子《こ》の一家《いっか》が暮《く》らしていた。

女《おんな》の子《こ》は、子《こ》どものたちの間《あいだ》で大《だい》ヒットしていた「**シューシャ人形《にんぎょう》**」を欲《ほ》しがっていた。

シューシャ人形《にんぎょう》とは、流行《りゅうこう》の服《ふく》をまとった着《き》せかえ人形《にんぎょう》だ。他《ほか》のおもちゃに比《くら》べ値段《ねだん》が高《たか》かったが、持《も》っている子《こ》は多《おお》かった。

その頃《ころ》、女《おんな》の子《こ》の両親《りょうしん》は、仕事《しごと》が見《み》つからず、働《はたら》いていなかったため、お金《かね》がなかった。

「うちでは買《か》えないよ」

と、女《おんな》の子《こ》に言《い》い聞《き》かせたが、それでも女《おんな》の子《こ》は、

「シューシャ人形《にんぎょう》を買《か》って！」

と、両親《りょうしん》にねだり続《つづ》けていた。

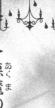

✦悪魔《あくま》のプレゼント✦

そんなクリスマスの朝《あさ》、女《おんな》の子《こ》は家《いえ》の玄《げん》関先《かんさき》に、シューシャ人形《にんぎょう》が置《お》かれていることに気《き》づいた。

「ママ、これ買《か》ってくれたの？ ありがとう！」

女《おんな》の子《こ》は、クリスマスのプレゼントを抱《だ》き上《あ》げ大変喜《たいへんよろこ》んだが、家族《かぞく》の誰《だれ》もがその人《にん》形《ぎょう》を買《か》った覚《おぼ》えがなかった。

それでも女《おんな》の子《こ》が喜《よろこ》ぶのならと、その人《にん》形《ぎょう》を渡《わた》した。

女《おんな》の子《こ》はいつも人形《にんぎょう》を持《も》ち歩《ある》き、寝《ね》る時《とき》も一緒《いっしょ》だった。

そんなある日《ひ》、女《おんな》の子《こ》は目《め》がさめると、自分《じぶん》の体《からだ》のあちこちに、細《こま》かい傷《きず》があることに気《き》づいた。

家族《かぞく》は心配《しんぱい》したが、原因《げんいん》がわからないまま傷《きず》は毎日《まいにち》増《ふ》え、なんと数日後《すうじつご》、女《おんな》の子《こ》は血《ち》だらけになってベッドに横《よこ》たわっている姿《すがた》を母親《ははおや》に発見《はっけん》された。

女《おんな》の子《こ》は死《し》んでいた。

不思議《ふしぎ》なことに、人形《にんぎょう》の爪《つめ》には、血液《けつえき》が詰《つ》まっていた。

✦人形《にんぎょう》が、女《おんな》の子《こ》を殺《ころ》した？✦

当初《とうしょ》、母親《ははおや》が女《おんな》の子《こ》を殺害《さつがい》したとして逮《たい》捕《ほ》され、近《ちか》くの警察署《けいさつしょ》に連《つ》れて行《い》かれた。

しかし警察《けいさつ》が捜査《そうさ》を行《おこな》ったところ、子《こ》どもを殺《ころ》した犯人《はんにん》は母親《ははおや》ではないことが証明《しょうめい》された。

そればかりか、人形《にんぎょう》の爪《つめ》に残《のこ》された血液《けつえき》が女《おんな》の子《こ》のものだと判明《はんめい》した。

「犯人《はんにん》は……、人形《にんぎょう》!?」

「まさか」

証拠《しょうこ》が不十分《ふじゅうぶん》だとして、捜査《そうさ》は棚上《たなあ》げされた。

その後《ご》家族《かぞく》は、「これは呪《のろ》われた人形《にんぎょう》だ」として、人形《にんぎょう》を焼《や》いた。女《おんな》の子《こ》の母親《ははおや》は今《いま》も、「人形《にんぎょう》が娘《むすめ》を殺《ころ》した」と、主張《しゅちょう》し続《つづ》けているという。

さて、焼《や》かれたとされている人形《にんぎょう》だが、実《じつ》は教会《きょうかい》に連《つ》れて行《い》かれ、まだ存在《そんざい》するとも言《い》われている。

実《じつ》はブラジルには他《ほか》にも、体《からだ》の中《なか》に刃物《はもの》を隠《かく》して、子《こ》どもたちを傷《きず》つける人形《にんぎょう》のウワサもある。

玄関《げんかん》に見知《みし》らぬ人形《にんぎょう》が置《お》いてあっても持《も》ち帰《かえ》らない方《ほう》がいい。

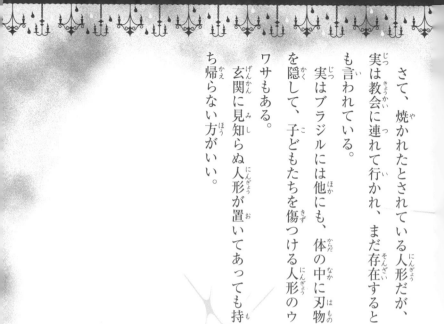

アルゼンチン

アルゼンチンは、スペインやイタリアを始《はじ》めとするヨーロッパからの移民《いみん》が多《おお》く、「人種《じんしゅ》のるつぼ」とも呼《よ》ばれている。そのためか怖《こわ》い話《はなし》も異国情緒《いこくじょうちょ》が漂《ただよ》う。

白《しろ》いお墓《はか》の白《しろ》い少女《しょうじょ》

ブエノスアイレスには、お墓《はか》にまつわる怖《こわ》い話《はなし》が多《おお》い。

最《もっと》も知《し》られているのは「ホワイト・レディ」と呼《よ》ばれているものだろう。

ホワイト・レディの正体《しょうたい》は、ラズマリアという少女《しょうじょ》の霊《れい》だと言《い》われている。とても美《うつく》しい少女《しょうじょ》で、年頃《としごろ》になると、

「結婚《けっこん》してください」

と、プロポーズをする男性《だんせい》がたくさん現《あらわ》れた。

しかし、ラズマリアは15歳《さい》の時《とき》に白血病《はっけつびょう》におかされてしまい、あっという間《ま》に死《し》んでしまった。

彼女《かのじょ》の母親《ははおや》はラズマリアのために白《しろ》い大《だい》理石《りせき》のお墓《はか》をつくり、嘆《なげ》き、哀《かな》しんだ。

✦カフェの美《うつく》しい少女《しょうじょ》✦

ある日《ひ》のこと。ある少年《しょうねん》が友人《ゆうじん》とカフェでコーヒーを飲《の》んでいた。そこに、白《しろ》い服《ふく》の美《うつく》しい少女《しょうじょ》が店《みせ》に入《はい》ってきた。

少年《しょうねん》は一目《ひとめ》で恋《こい》に落《お》ちた。

すぐに少女《しょうじょ》に声《こえ》をかけ、会話《かいわ》を楽《たの》しんだ。

少年《しょうねん》が少女《しょうじょ》に名前《なまえ》を聞《き》くと、

「ラズマリア」

と恥《は》ずかしそうに告《つ》げた。そのうち、少《しょう》女《じょ》は

「寒《さむ》い」

と言《い》い出《だ》した。少年《しょうねん》はチャンスだと、自《じ》分《ぶん》の上着《うわぎ》を脱《ぬ》ぎ、少女《しょうじょ》に貸《か》してあげた。そうしているうちに、少女《しょうじょ》は

「帰《かえ》らなくちゃ」

と言《い》い出《だ》した。そして、

「さよなら」

と、スススーと滑《すべ》るように通《とお》りへ向《む》かって走《はし》り出《だ》した。

「待《ま》って」

少年《しょうねん》は追《お》いかけた。しかし目《め》をそらしたすきに、少女《しょうじょ》はいなくなってしまった。

見渡《みわた》すとそこは墓地《ぼち》で、高《たか》い塀《へい》で囲《かこ》まれ、重《おも》い扉《とびら》で閉《と》じられていた。

「ラズマリア、どこ？」

少年《しょうねん》が大《おお》きな声《こえ》で周囲《しゅうい》を練《ね》り歩《ある》くので、墓地《ぼち》にいた警備員《けいびいん》が出《で》てきた。

「ここに女《おんな》の子《こ》が入《はい》って行《い》ったはずです。探《さが》させてください。ラズマリアという女《おんな》の子《こ》です」

警備員《けいびいん》は、

「ラズマリアだって？」

と、叫《さけ》び声《ごえ》をあげた。そして、白《しろ》いお墓《はか》を指差《ゆびさ》した。

なんとお墓《はか》には、少年《しょうねん》が少女《しょうじょ》にかけてあげた、ジャケットがかけられていた。

お墓《はか》には「ラズマリア」という名前《なまえ》が刻《きざ》まれていた。

少年《しょうねん》が探《さが》していた少女《しょうじょ》とは、ラズマリアの幽霊《ゆうれい》だったのだ。

魔女《まじょ》たちの宴《うたげ》、サラマンカ

サラマンカは、ケチュア語《ご》で「楽《たの》しい、踊《おど》り、飲《の》み」という意味《いみ》を持《も》つ言葉《ことば》だ。ケチュア語《ご》は古代《こだい》インカ帝国《ていこく》の言葉《ことば》で、南《なん》米各地《べいかくち》で今《いま》も使《つか》われている。

ちなみに動物《どうぶつ》のピューマやコンドル、食《た》べ物《もの》のジャーキー(干《ほ》し肉《にく》)もケチュア語《ご》だ。

ところで「サラマンカ」という言葉《ことば》には、ケチュア語《ご》で他《ほか》にも意味《いみ》がある。なんと、「魔女《まじょ》の会合《かいごう》」を指《さ》す言葉《ことば》なのだそうだ。

アルゼンチン各地《かくち》で知《し》られており、この魔《ま》女《じょ》の会合《かいごう》の存在《そんざい》を疑《うたが》う人《ひと》はいないのだという。

伝説《でんせつ》によると、魔女《まじょ》の会合《かいごう》が開《ひら》かれる場《ば》所《しょ》は、ほとんどがゴツゴツとした山々《やまやま》が連《つら》なる奥地《おくち》の洞窟《どうくつ》の中《なか》だ。

有名《ゆうめい》なのが、アルゼンチン北西部《ほくせいぶ》にある、ラ・リオハ州《しゅう》サナガスタ村《むら》のそれだ。

◆眠《ねむ》らないパーティー◆

村《むら》から1600メートルほど山《やま》を登《のぼ》ると、巨大《きょだい》な入《い》り口《ぐち》を持《も》つ洞窟《どうくつ》が見《み》えてくる。一見《いっけん》、美《うつく》しい洞窟《どうくつ》だが、夜《よる》になると、怪《あや》しげな音楽《おんがく》や賑《にぎ》やかな笑《わら》い声《ごえ》、叫《さけ》び声《ごえ》とともに、**おどろおどろしい悪魔《あくま》と魔女《まじょ》のパーティーが開《ひら》かれる。**時《とき》にはヤギやヘビ、ヒキガエルなどの動物《どうぶつ》をその場《ば》で殺《ころ》し、血《ち》の儀式《ぎしき》を行《おこな》うこともある。そして、自分《じぶん》の魂《たましい》とひきかえに、自分《じぶん》の願《ねが》いを叶《かな》えようとしたり、人《ひと》を呪《のろ》ったりするのだ。

参加者《さんかしゃ》は数日間《すうじつかん》、眠《ねむ》らずひたすら楽器《がっき》を弾《ひ》いたり、歌《うた》ったり、踊《おど》ったりし、悪魔《あくま》の誘惑《ゆうわく》に身《み》をゆだねるのだという。

「**ちょっと面白《おもしろ》そう**」と思《おも》う人《ひと》もいるかもしれない。しかし普《ふ》通《つう》の人《ひと》が「魔女《まじょ》の会合《かいごう》」の音楽《おんがく》を聴《き》くと、呪《のろ》われ、立《た》て続《つづ》けに不幸《ふこう》に見舞《みま》われると伝《つた》えられている。逃《のが》れる方法《ほうほう》はただ一《ひと》つ、**悪《あく》魔《ま》の手下《てした》になることだ。**

しかし、悪魔《あくま》の手下《てした》になると、死後《しご》は地《じ》獄《ごく》へと落《お》とされる。そのため、善良《ぜんりょう》な市民《しみん》は決《けっ》して、「魔女《まじょ》の会合《かいごう》」には近《ちか》づかない。

それでも、今日《きょう》もアルゼンチンのどこかで、恐怖《きょうふ》の会合《かいごう》は、開《ひら》かれている……。

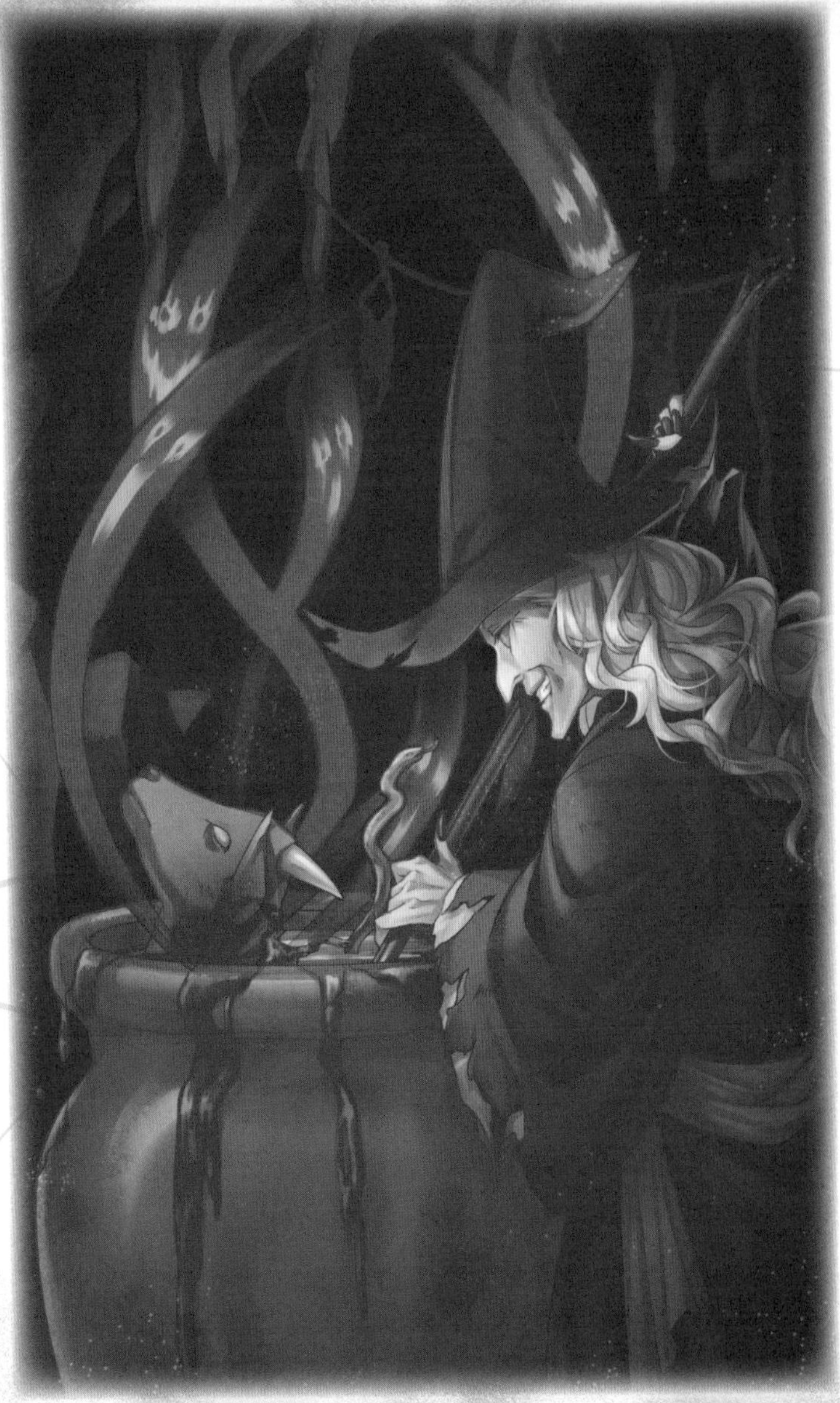

オーストラリア

18世紀《せいき》から20世紀《せいき》にかけてイギリスの植民地《しょくみんち》下《か》にあったオーストラリアは、心霊大国《しんれいたいこく》だ。幽霊《ゆうれい》の存在《そんざい》を信《しん》じる国民《こくみん》が、3分《ぶん》の1もいるというデータもある。

幽霊《ゆうれい》の街《まち》、トゥーンバ

クイーンズランド州《しゅう》には、幽霊《ゆうれい》の街《まち》としてオーストラリアはもちろん、世界的《せかいてき》にも有名《ゆうめい》な街《まち》がある。トゥーンバだ。

オーストラリアの中《なか》でも一番《いちばん》幽霊《ゆうれい》が出《で》る街《まち》だとウワサされていて、「トゥーンバ・ゴースト・チェイサーズ」という名前《なまえ》のゴーストハンター、つまり「幽霊《ゆうれい》を見《み》つけること」を目的《もくてき》にした団体《だんたい》まで存在《そんざい》する。

✦トゥーンバに幽霊《ゆうれい》が出《で》る理由《りゆう》✦

この街《まち》が「幽霊《ゆうれい》の街《まち》」として有名《ゆうめい》になったのは2013年《ねん》。ゴーストハンターたちが町《まち》のあるパブで起《お》こる、超常現象《ちょうじょうげんしょう》を調《しら》べたことがきっかけだった。

すると、パブの中《なか》だけでなく、街《まち》のいたるところで幽霊《ゆうれい》が確認《かくにん》された。実《じつ》は、トゥーンバは古《ふる》い街《まち》だからこその、暗《くら》い歴史《れきし》を持《も》つ。権力争《けんりょくあらそ》いや領土争《りょうどあらそ》いなどによって、殺《ころ》された人《ひと》、謎《なぞ》の死《し》をとげた人《ひと》が多《おお》いのだ。

無念《むねん》の思《おも》いを抱《かか》えて死《し》んだ人《ひと》が幽霊《ゆうれい》になり、その幽霊《ゆうれい》たちに取《と》り憑《つ》かれて死《し》んだ人《ひと》たちが幽霊《ゆうれい》になり……。幽霊《ゆうれい》たちにとってどんどん住《す》みやすい場所《ばしょ》になってしまったのかもしれない。

✦街《まち》のあちこちに、いる！✦

さて、街《まち》の中《なか》で確認《かくにん》されている幽霊《ゆうれい》たちを紹介《しょうかい》しよう。

よく見《み》られるのが、電車《でんしゃ》にひかれて亡《な》くなった赤《あか》いドレスの女性《じょせい》の幽霊《ゆうれい》だ。

毒《どく》を服用《ふくよう》して亡《な》くなった女性《じょせい》の幽霊《ゆうれい》や、病院《びょういん》から退院後《たいいんご》、すぐ亡《な》くなった男性《だんせい》の霊《れい》も有名《ゆうめい》だ。

街《まち》の、ある病院《びょういん》では今《いま》もなお、長《なが》い灰色《はいいろ》のドレスを来《き》た女性《じょせい》の霊《れい》に悩《なや》まされている。

もちろん墓地《ぼち》にも出《で》る。

幽霊《ゆうれい》を目撃《もくげき》した人《ひと》は大勢《おおぜい》いるそうで、墓地《ぼち》の中《なか》でも不気味《ぶきみ》な雰囲気《ふんいき》の場所《ばしょ》を歩《ある》いていた人《ひと》は、

「あたりに人影《ひとかげ》がなかったのに、何者《なにもの》かに背中《せなか》を押《お》された感覚《かんかく》があったので、怖《こわ》くなって急《いそ》いで逃《に》げた。家《いえ》に帰《かえ》って背中《せなか》をチェックしたら、手《て》の跡《あと》がついていた」

と証言《しょうげん》している。また、心霊写真《しんれいしゃしん》がよく撮《と》られるスポットでもある。

街《まち》にある大学《だいがく》では、火《ひ》だるまになって学《がっ》校《こう》の敷地内《しきちない》を走《はし》る男性《だんせい》の霊《れい》の姿《すがた》が見《み》られているし、行政《ぎょうせい》の建物《たてもの》には女性《じょせい》の霊《れい》が出《で》る。教会《きょうかい》の礼拝堂《れいはいどう》ですら「出《で》る」のだそうだ。

◆足《あし》をつかまれた人《ひと》も…◆

「トゥーンバ・レパトリー・シアター」という劇場《げきじょう》にも出《で》る。

霊《れい》は若《わか》い女《おんな》の子《こ》で、地元《じもと》の改革派《かいかくは》につかまえられ、首《くび》を吊《つ》って自殺《じさつ》した子《こ》だろうとウワサされている。

この劇場《げきじょう》は一度《いちど》つぶされて、その上《うえ》にまた建《た》てられたのだが、今《いま》でも、座席《ざせき》に座《すわ》る女《おんな》の子《こ》の霊《れい》が見《み》られるのだそうだ。

そのため控《ひか》え室《しつ》では、俳優《はいゆう》たちが、

「目《め》に見《み》えない手《て》で足首《あしくび》をつかまれた」

とも、証言《しょうげん》している。

しかし、

「幽霊《ゆうれい》を見《み》た！」

「心霊写真《しんれいしゃしん》が撮《と》れた！」

と騒《さわ》いでいるのは、街《まち》の外部《がいぶ》の人《ひと》たちで、トゥーンバの住民《じゅうみん》は、幽霊《ゆうれい》の存在《そんざい》をあまり信《しん》じていないのだという。

にも関《かか》わらず、

「一度《いちど》でいいから幽霊《ゆうれい》を見《み》てみたい」

と物好《ものず》きな人《ひと》たちが町《まち》を訪《おとず》れる。そして確実《かくじつ》に何《なん》らかの怪奇現象《かいきげんしょう》や、心霊写真《しんれいしゃしん》を手《て》土産《みやげ》に、街《まち》を後《あと》にするのだそうだ。

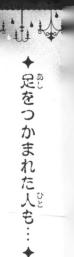

マッコーリーフィールズ駅《えき》の少女《しょうじょ》

オーストラリア最大《さいだい》の都市《とし》であるシドニーにも、幽霊話《ゆうれいばなし》がいくつもある。中《なか》でも有名《ゆうめい》なのが、シドニー郊外《こうがい》にあるマッコーリーフィールズ駅《えき》に出《で》る、女《おんな》の子《こ》の幽霊《ゆうれい》だ。

◆駅《えき》にひびく、悲痛《ひつう》な泣《な》き声《ごえ》◆

女《おんな》の子《こ》の幽霊《ゆうれい》は、最終列車《さいしゅうれっしゃ》が駅《えき》を出発《しゅっぱつ》し、乗客《じょうきゃく》もいなくなった頃《ころ》に現《あらわ》れる。

最初《さいしょ》は、風《かぜ》の音《おと》かな？　と思《おも》うような、小《ちい》さな音《おと》が聞《き》こえてくる。それが突然《とつぜん》、泣《な》き叫《さけ》ぶような音《おと》に変《か》わるのだという。

「音《おと》くらいなら、何《なに》か建物《たてもの》に原因《げんいん》があるのではないか」

と、お思《おも》いになる人《ひと》もいるだろう。

しかし、駅《えき》を利用《りよう》する何人《なんにん》かの人《ひと》が、白《しろ》い服《ふく》に真《ま》っ赤《か》な血《ち》のシミをつけた血《ち》だらけの十代《じゅうだい》の女《おんな》の子《こ》が、駅《えき》のホームを歩《ある》き回《まわ》っているのを見《み》ている。

実際《じっさい》に見《み》た人《ひと》は、こう話《はな》している。

「女《おんな》の子《こ》が突然現《とつぜんあらわ》れ、駅《えき》の構内《こうない》の真《ま》ん中《なか》に座《すわ》り込《こ》んだかと思《おも》うと10分《ぷん》ほど静《しず》かに泣《な》き、叫《さけ》び声《ごえ》をあげて、姿《すがた》を消《け》した」
ただ、誰《だれ》も女《おんな》の子《こ》の霊《れい》から攻撃《こうげき》を受《う》けておらず、**悲痛《ひつう》な鳴《な》き声《ごえ》**を聞《き》かされるだけだ。

◆殺《ころ》された原因《げんいん》はSNS《エスエヌエス》？◆

女《おんな》の子《こ》は何者《なにもの》なのだろう。もっとも有力《ゆうりょく》だとされているウワサは、

「オンライン上《じょう》で知《し》り合《あ》った人《ひと》に、駅《えき》の近《ちか》くで殺《ころ》された、若《わか》い女性《じょせい》の霊《れい》ではないか」

というものだ。

「彼女《かのじょ》の声《こえ》は、助《たす》けを求《もと》める叫《さけ》び声《ごえ》だ。自《じ》殺《さつ》なら、あんな声《こえ》で叫《さけ》ばない」

というわけだ。

今夜《こんや》も、マッコーリーフィールズ駅《えき》では、女《おんな》の子《こ》が悲《かな》しげな叫《さけ》び声《ごえ》をあげ続《つづ》けているのかもしれない。

旧《きゅう》ヨーク病院《びょういん》の怪《かい》

オーストラリアの西海岸《にしかいがん》最大《さいだい》の都市《とし》パースは「世界一美《せかいいちうつく》しい町《まち》」とも称《しょう》される、オーストラリア屈指《くっし》の観光《かんこう》スポットだ。パースから東《ひがし》に約《やく》100キロメートルほど行《い》くと、ヨークという町《まち》が現《あらわ》れる。

この町《まち》の一角《いっかく》に、**「幽霊《ゆうれい》が出《で》る」**というウワサの建物《たてもの》がある。

「旧《きゅう》ヨーク病院《びょういん》」だ。

今《いま》から125年《ねん》ほど前《まえ》に建設《けんせつ》された病院《びょういん》なのだが、病院《びょういん》として運営《うんえい》されていた時《とき》にはすでに幽霊《ゆうれい》のウワサがあった。

当時《とうじ》、看護師《かんごし》をしていた女性《じょせい》は、「特《とく》に2階《かい》の部屋《へや》には、常《つね》に恐《おそ》ろしいものを感《かん》じていた。病院《びょういん》のスタッフは誰《だれ》も行《い》きたがらないので、病棟《びょうとう》に患者《かんじゃ》がいっぱいだったときも、常《つね》にペアで行動《こうどう》していた」と話《はな》している。

1963年《ねん》に病院《びょういん》はなくなり、ユースホステルに改装《かいそう》されたが、

「誰《だれ》もいない背後《はいご》から、頭《あたま》を叩《たた》かれた」

「窓《まど》から手《て》だけが出《で》てきた」

と、逃《に》げ出《だ》す宿泊客《しゅくはくきゃく》たちは多《おお》かった。

✦朝《あさ》も昼《ひる》も夜《よる》も、幽霊《ゆうれい》が出《で》る！✦

このユースホステルもほどなくしてつぶれたが、実《じつ》はこんな話《はなし》がある。

あるスポーツクラブの子《こ》どもと監督《かんとく》が、合宿《がっしゅく》でこのホステルに1週間宿泊《しゅうかんしゅくはく》した。

異変《いへん》は、最初《さいしょ》の日《ひ》の深夜《しんや》、子《こ》どもたちが寝《ね》ていると、壁《かべ》の向《む》こう側《がわ》から話《はな》し声《ごえ》が聞《き》こえ始《はじ》めた。壁《かべ》の向《む》こうの部屋《へや》は空室《くうしつ》だ。

「幽霊《ゆうれい》じゃない？」

子《こ》どもたちは恐怖《きょうふ》を口々《くちぐち》に語《かた》り合《あ》ったが、疲《つか》れからかそのまま寝《ね》てしまった。
しかし、その翌朝《よくあさ》、皆《みな》で食堂《しょくどう》で朝《あさ》ごはんを食《た》べていた時《とき》のことだ。

大《おお》きな鍋《なべ》がいきなり空中《くうちゅう》に浮《う》かび、床《ゆか》に叩《たた》きつけられた。
誰《だれ》もが悲鳴《ひめい》をあげ、慌《あわ》てて食堂《しょくどう》を飛《と》び出《だ》したが、一番下《いちばんした》の年齢《ねんれい》の二人《ふたり》の子《こ》どもが見《み》えない何《なに》かから攻撃《こうげき》を受《う》けた。
それもひどく、暴力的《ぼうりょくてき》なものだった。

攻撃《こうげき》を受《う》けた子《こ》どもの一人《ひとり》は、突然《とつぜん》、

「誰《だれ》か、私《わたし》を抱《だ》きとめて！

私《わたし》の体《からだ》を支《ささ》えて！　彼《かれ》らを止《と》めて！」

と叫《さけ》んだ。直後《ちょくご》、食堂《しょくどう》の端《はし》にある、ドアへ吹《ふ》っ飛《と》んだ。

その衝撃《しょうげき》は大変《たいへん》なもので、厚手《あつで》のガラスが割《わ》れ、ガラスは頭《あたま》をガードした女《おんな》の子《こ》の腕《うで》の骨《ほね》にまで突《つ》き刺《さ》さった。

女《おんな》の子《こ》はすぐに病院《びょういん》に運《はこ》ばれた。

その次《つぎ》の日《ひ》、朝食後《ちょうしょくご》、別《べつ》の少年《しょうねん》が、

「うわあ！」

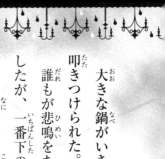

と叫《さけ》んだ。前日《ぜんじつ》、女《おんな》の子《こ》がケガをさせられたドアから、明《あき》らかに生《い》きている人間《にんげん》とは思《おも》えない、体《からだ》の一部《いちぶ》が現《あらわ》れたからだ。

✦攻撃性《こうげきせい》を増《ま》す霊《れい》たち✦

霊《れい》の攻撃性《こうげきせい》は時間《じかん》が経《た》つごとにあからさまになった。

子《こ》どもだけでなく、監督《かんとく》も目《め》に見《み》えない力《ちから》で背中《せなか》を蹴《け》られた。ドアに押《お》し付《つ》けられた子《こ》もいたし、針《はり》で腕《うで》を注射《ちゅうしゃ》されたような感覚《かんかく》を受《う》けた子《こ》もいた。

3日目《かめ》になると、子《こ》どもも大人《おとな》も、目《め》に見《み》えない何者《なにもの》かの攻撃《こうげき》から身《み》を守《まも》るために、一《ひと》つの部屋《へや》で過《す》ごした。

実《じつ》は、子《こ》どもたちや監督《かんとく》が何度《なんど》も霊《れい》から攻撃《こうげき》を受《う》けた場所《ばしょ》のすぐそばに、ホステルの中《なか》でも「死《し》の部屋《へや》」と呼《よ》ばれ、恐《おそ》れられている部屋《へや》があった。この部屋《へや》は、到着《とうちゃく》したときには閉《し》まっていたはずなのに、3日目《かめ》になって、気《き》づくと開《あ》いていたそうだ。

その後《ご》、ユースホステルは閉鎖《へいさ》されたが、現在《げんざい》はまた、朝食付《ちょうしょくつ》きのホテルとして営業《えいぎょう》されている。

世界《せかい》にある不吉《ふきつ》な…

迷信《めいしん》・ジンクス

世界《せかい》には、幽霊《ゆうれい》や不吉《ふきつ》な出来事《できごと》を呼《よ》ぶと言《い》われる、迷信《めいしん》やジンクスがたくさんあるよ。このジンクス、もしかしてやったことがある……？

鬼月《おにづき》に要注意《ようちゅうい》！ 台湾《たいわん》

旧暦《きゅうれき》の7月《がつ》（日本《にっぽん》のお盆《ぼん》の頃《ころ》）の約《やく》1か月間《げつかん》は「この世《よ》」と「あの世《よ》」をさえぎる門《もん》が開《あ》き、先祖《せんぞ》の魂《たましい》や悪霊《あくりょう》、幽霊《ゆうれい》がさまようのだそうだ。そのため、7月《がつ》は「鬼月《おにづき》」と呼《よ》ばれ、結婚《けっこん》や引《ひ》っ越《こ》しを避《さ》けたり、〝してはいけない〟と言《い》われるタブーがたくさんあると言《い》う。

例《たと》えば、「夜中《よなか》にドレスを着《き》ない」「夜《よる》、出歩《である》かない」「歌《うた》いながら道《みち》を歩《ある》かない」「夜《よる》にお祝《いわ》いをしない」「深夜《しんや》に写真《しゃしん》を撮《と》ってはいけない」「深夜《しんや》に楽器《がっき》をひいてはいけない」「幽霊《ゆうれい》に関《かん》する話《はなし》をしてはいけない」など。理由《りゆう》はいずれも、霊《れい》が近寄《ちかよ》ってくるからだ。

また、「夜《よる》、他人《たにん》の肩《かた》を叩《たた》いてはいけない」とも言《い》う。台湾《たいわん》では、額《ひたい》と両肩《りょうかた》の3つに、「命《いのち》の火《ひ》」があると信《しん》じられているからだ。火《ひ》が消《き》えると、幽霊《ゆうれい》に取《と》り憑《つ》かれやすくなるのだそうだ。

7月《がつ》の鬼月《おにづき》の夜《よる》、肩《かた》を叩《たた》くのは最大《さいだい》のタブー。あなたが誰《だれ》かに肩《かた》を叩《たた》かれても、決《けっ》して振《ふ》り返《かえ》ってはいけない……。

鏡《かがみ》を割《わ》ると…… ヨーロッパ

鏡《かがみ》を割《わ》ると、7年間《ねんかん》不幸《ふこう》が続《つづ》くという言《い》い伝《つた》えがある。万《まん》が一《いち》割《わ》ってしまったら、南《みなみ》の方角《ほうがく》から流《なが》れる川《かわ》で割《わ》れた鏡《かがみ》を洗《あら》うか、鏡《かがみ》を粉々《こなごな》にくだいて何《なに》も映《うつ》らないようにするといいそうだ。

他《ほか》にも、身内《みうち》が亡《な》くなったら、家中《いえじゅう》の鏡《かがみ》を覆《おお》い隠《かく》さないと、死者《ししゃ》の魂《たましい》が鏡《かがみ》の中《なか》にとらわれてしまうと言《い》われている。

返事《へんじ》をすると死《し》ぬ インド

夜《よる》、寝《ね》る時間《じかん》に玄関《げんかん》をノックする音《おと》が聞《き》こえてきても、返事《へんじ》をしてはいけない。返事《へんじ》をすると、魔女《まじょ》がやってきて、24時間以内《じかんいない》に死《し》んでしまうそうだ。

解決策《かいけつさく》は、家《いえ》のドアに「Naleba（ネールバ）」と書《か》いておくこと。「Naleba」は「明日来《あすき》てください」という意味《いみ》なので、魔女《まじょ》は永遠《えいえん》にドアをノックできないのだそうだ。

はしごを通《とお》るな イギリス

壁《かべ》などに立《た》てかけてあるはしごの下《した》を歩《ある》いたり、通《とお》ったりすると、不吉《ふきつ》なことが起《お》こると言《い》われている。イギリスでは、ほとんどの人《ひと》が避《さ》けて通《とお》るそうだ。

ただし、うっかり通《とお》ってしまっても大丈夫《だいじょうぶ》。はしごの下《した》にいる間《あいだ》にすばやく願《ねが》い事《ごと》をするか、犬《いぬ》を見《み》かけるまで指《ゆび》をクロスすると、不吉《ふきつ》なことを避《さ》けられるそうだ。

中国《ちゅうごく》

中国《ちゅうごく》では妖怪《ようかい》、お化《ば》け、幽霊《ゆうれい》を
全《すべ》てひっくるめて「鬼《おに》」と呼《よ》ぶ。
もちろん「鬼《おに》」にまつわるウワサは多《おお》く、
まことしやかに語《かた》り継《つ》がれているという。

死者《ししゃ》を生《う》む駅《えき》

上海《シャンハイ》には、1号線《ごうせん》〜17号線《ごうせん》の、地下鉄路《ちかてつろ》線《せん》がある。

都市《とし》のあちこちにつながる、大変便利《たいへんべんり》な交通網《こうつうもう》だが、幽霊《ゆうれい》が出《で》るというウワサの駅《えき》がある。

1号線《ごうせん》にある「漕宝路駅《そうほうろえき》／Caobao-Road《チャオバオロード》Station《ステーション》)」がそれだ。

これまでに8人《にん》が死亡《しぼう》しているそうで、「見《み》た」という人《ひと》も多《おお》い。

そもそもこの駅《えき》は、利用客数《りようきゃくすう》の割《わり》には、プラットホームが狭《せま》いのだという。

「ラッシュのピークのときは、身《み》の危険《きけん》を感《かん》じる」

という人《ひと》もいるとはいうが、それにしても亡《な》くなった人数《にんずう》が多《おお》い。そのため、

「地下鉄《ちかてつ》の上《うえ》にある、火葬場《かそうば》の安置所《あんちじょ》から『呼《よ》ばれている』のだ」

ともウワサされている。

✦トンネルの中《なか》に何《なに》かある!?✦

ある日《ひ》、女《おんな》の子《こ》が駅《えき》のホームから飛《と》び降《お》りて自殺《じさつ》するという事件《じけん》が起《お》こった。

その夜《よる》のことだ。

夜《よる》11時《じ》、最終列車《さいしゅうれっしゃ》を見送《みおく》った駅員《えきいん》は、構内《こうない》を点検《てんけん》しようとした。すると、一人《ひとり》の女《おんな》の子《こ》の姿《すがた》が見《み》えた。

「この駅《えき》はもう閉《し》まりますよ」

と、声《こえ》をかけたが、女《おんな》の子《こ》は線路《せんろ》に降《お》り、トンネルのほうに向《む》かって走《はし》って行《い》ってしまった。慌《あわ》てて駅員《えきいん》が後《あと》を追《お》ったが、女《おんな》の子《こ》はいない。そう、消《き》えてしまったのだ。

駅員《えきいん》は今《いま》でも、

「あれは生《い》きた人間《にんげん》ではなかった」

と話《はな》す。また、この駅《えき》では、

「地下鉄《ちかてつ》の運行後《うんこうご》、駅員《えきいん》が掃除《そうじ》をしていると、突然《とつぜん》、トンネルのほうから女性《じょせい》の笑《わら》い声《ごえ》が聞《き》こえてきた」

とか、

「最終列車《さいしゅうれっしゃ》が出《で》たあと、赤《あか》い服《ふく》を来《き》た女《おんな》の子《こ》がトンネル側《がわ》のイスに座《すわ》っているのを見《み》た。近《ちか》づいたところ、姿《すがた》を消《け》した」

というウワサもある。

✦幽霊《ゆうれい》に呼《よ》ばれて、殺《ころ》された？✦

また、とある事故《じこ》では、

「普通《ふつう》に立《た》っていた男性《だんせい》が、突然何《とつぜんなに》かに引《ひ》っぱられるようにホームから電車《でんしゃ》に向《む》かって飛《と》び降《お》りた」

というウワサもあるし、外国人《がいこくじん》が亡《な》くなった事件《じけん》では、

「初《はじ》めて地下鉄《ちかてつ》に乗《の》った好奇心《こうきしん》からか、なぜかいきなりプラットホームから頭《あたま》を突《つ》き出《だ》して、トンネルを見《み》た。ちょうどその時《とき》、列車《れっしゃ》が来《き》て、ぶつかった」

とささやかれている。

そのため、ウワサを聞《き》いた人《ひと》は、最終列《さいしゅうれっ》車《しゃ》が近《ちか》くなると、トンネル近《ちか》くの車両《しゃりょう》からホームへは出《で》ないのだそうだ。また、一駅《ひとえき》ずらして降《お》りる乗客《じょうきゃく》もいるという。

紫禁城《しきんじょう》の哀《かな》しき幽霊《ゆうれい》たち

中国《ちゅうごく》の首都《しゅと》である北京《ペキン》の中心地《ちゅうしんち》に広《ひろ》がる、紫禁城《しきんじょう》は、世界文化遺産《せかいぶんかいさん》にも登録《とうろく》されている歴史的建造物《れきしてきけんぞうぶつ》だ。

１４２１年《ねん》の明《みん》の時代《じだい》から１９１２年《ねん》に清《しん》が終《お》わるまで、およそ５００年間《ねんかん》も皇帝《こうてい》の住《す》まいとされてきた。

その広《ひろ》さはなんと東京《とうきょう》ドーム15個分《こぶん》。完成当時《かんせいとうじ》は９９９９間《ま》と半間《はんま》、今《いま》でも約《やく》７８００室《しつ》もの部屋数《へやすう》があるというから、その規模《きぼ》の大《おお》きさがうかがえる。

紫禁城《しきんじょう》にある珍妃井《ちんぴせい》

さて、この紫禁城《しきんじょう》は一部《いちぶ》、立《た》ち入《い》り禁《きん》止《し》になっている。

また、観光客《かんこうきゃく》が入《はい》れる場所《ばしょ》でも、公開時《こうかいじ》間《かん》は夕方《ゆうがた》の5時《じ》までで、時刻《じこく》を過《す》ぎると門《もん》は固《かた》く閉《と》ざされる。

防犯《ぼうはん》の面《めん》などで、それは日本《にっぽん》の神社仏閣《じんじゃぶっかく》でもめずらしくはないが、紫禁城《しきんじょう》は、それとは別《べつ》の理由《りゆう》があるともささやかれている。

それは、幽霊《ゆうれい》にまつわるものだ。

✦痛《いた》ましい、妃《きさき》の幽霊《ゆうれい》✦

紫禁城《しきんじょう》でも有名《ゆうめい》な心霊《しんれい》スポットの一《ひと》つに、「珍妃井《ちんぴせい》」がある。

珍妃《ちんぴ》というのは、清《しん》の時代《じだい》の皇帝《こうてい》のお妃《きさき》さまのことだ。

何人《なんにん》もいるお妃《きさき》さまの中《なか》でも、珍妃《ちんぴ》は特《とく》に皇帝《こうてい》のお気《き》に入《い》りだった。しかし、それがトップの権力《けんりょく》をにぎり、実質的《じっしつてき》に皇帝《こうてい》よりも力《ちから》を持《も》っていた西太后《せいたいごう》は気《き》に入《い》らなかったのだろう。

度重《たびかさ》なる嫌《いや》がらせを受《う》けたあと、ついに紫禁城《しきんじょう》の「冷宮《れいぐう》」に閉《と》じ込《こ》められ、全《すべ》ての自由《じゆう》を奪《うば》われてしまった。

そんな時《とき》、「義和団《ぎわだん》の乱《らん》(1900年《ねん》)」が起《お》きた。

「義和団《ぎわだん》」とは、当時日本《とうじにっぽん》をはじめとする世界《せかい》の国々《くにぐに》から、自国《じこく》を守《まも》るために中国《ちゅうごく》の農民《のうみん》たちが作《つく》った、集団《しゅうだん》だ。

しかし各地《かくち》で暴《あば》れた義和団《ぎわだん》は、他国《たこく》が中《ちゅう》国《ごく》に攻《せ》め入《い》るきっかけを作《つく》ってしまう。他《た》国軍《こくぐん》の手《て》は、紫禁城《しきんじょう》にものびた。

西太后《せいたいごう》は紫禁城《しきんじょう》から逃《に》げようと提案《ていあん》したが、珍妃《ちんぴ》はそれを拒否《きょひ》した。

怒《いか》り狂《くる》った西太后《せいたいごう》は、家来《けらい》に命令《めいれい》し、珍《ちん》妃《ぴ》を狭《せま》い井戸《いど》に突《つ》き落《お》とし、さらにその上《うえ》から石《いし》を投《な》げ込《こ》み、殺《ころ》した。

それからというもの、夜《よる》、この井戸《いど》の近《ちか》くを通《とお》ると、珍妃《ちんぴ》らしき霊《れい》が哀《かな》しげに立《た》つ姿《すがた》が見《み》られるという。

井戸《いど》といっても実際《じっさい》は、とても小《ちい》さくて狭《せま》い。とても大人《おとな》の女性《じょせい》が入《はい》れる大《おお》きさではない。それだけ珍妃《ちんぴ》はやせ細《ほそ》っていたという見方《みかた》もあるが、

「体《からだ》がなかなか入《はい》らないので、腕《うで》や足《あし》が切《き》り落《お》とされた」

という恐《おそ》ろしいウワサもある。他《ほか》にも珍《ちん》妃《ぴ》に関《かん》しては、

「珍妃《ちんぴ》が閉《と》じ込《こ》められていた冷宮付近《れいぐうふきん》にも、珍妃《ちんぴ》の幽霊《ゆうれい》が出《で》る」

とも言《い》われている。

✦哀《かな》しい歴史《れきし》の記憶《きおく》？✦

こんな話《はなし》もある。

1988年《ねん》、紫禁城《しきんじょう》の中《なか》で、映画《えいが》の撮影《さつえい》が行《おこな》われた。特別《とくべつ》に許可《きょか》を取《と》っているため、夕方《ゆうがた》5時《じ》を過《す》ぎても撮影《さつえい》は続《つづ》けられたが、夜《よる》12時《じ》を過《す》ぎても、終《お》わらなかった。

さすがに俳優《はいゆう》たちは怖《こわ》がって、

「もう、やめましょうよ」

と監督《かんとく》にお願《ねが》いしたが、監督《かんとく》は許《ゆる》さなかった。その時《とき》なんと、かつての清《しん》の時代《じだい》の王宮《おうきゅう》の衣装《いしょう》を着《き》た人《ひと》たちが壁《かべ》から現《あらわ》れ始《はじ》めた。

「キャー！」

あたりは叫《さけ》び声《ごえ》で包《つつ》まれた。もちろん、その日《ひ》の撮影《さつえい》は、逃《に》げるように終《お》えられたという。

他《ほか》にも、

「パトロール中《ちゅう》、髪《かみ》の長《なが》い女《おんな》が立《た》っているのが見《み》えた。『誰《だれ》だ』と声《こえ》をかけると、振《ふ》り返《かえ》った。その顔《かお》には目《め》も、鼻《はな》も、口《くち》もなかった」

という話《はなし》や、
「パトロールをしていると、清《しん》の時代《じだい》の服《ふく》装《そう》をした女性《じょせい》が、昔《むかし》の照明器具《しょうめいきぐ》である宮灯《きゅうとう》を持《も》って歩《ある》いていた。後《あと》を追《お》うと、すうっと消《き》えた」

という話《はなし》もある。

また、夜《よる》、警備員《けいびいん》がトイレで用《よう》を足《た》していたところ、誰《だれ》もいないはずなのに、ドアをノックされた、ということも少《すく》なくないのだそうだ。

城内《じょうない》だけではない。夜《よる》、紫禁城《しきんじょう》の付近《ふきん》を歩《ある》いていると、「冷《つめ》たい風《かぜ》が吹《ふ》いてくる」と恐《おそ》れられているという。

紫禁城《しきんじょう》（太和殿《たいわでん》）

三《み》つ編《あ》みの女《おんな》の子《こ》の幽霊《ゆうれい》

香港中文大学《ホンコンちゅうぶんだいがく》では、「学校《がっこう》の怪談《かいだん》」のような、怖《こわ》いウワサが語《かた》りつがれている。

それは、三《み》つ編《あ》みをした女《おんな》の子《こ》の幽霊《ゆうれい》に関《かん》するウワサだ。

ある学生《がくせい》が夜《よる》、キャンパスの中《なか》を歩《ある》いていると、三《み》つ編《あ》みをした女《おんな》の子《こ》が前《まえ》を歩《ある》いていた。服装《ふくそう》が少《すこ》し時代遅《じだいおく》れだ。

「少《すこ》し、気持《きも》ちの悪《わる》い子《こ》だな」

と思《おも》いながら、追《お》い越《こ》そうとしたその時《とき》、女《おんな》の子《こ》に違和感《いわかん》を覚《おぼ》えた。

振《ふ》り返《かえ》ると、なんと女《おんな》の子《こ》の顔《かお》はのっぺらぼうで、顔《かお》の真《ま》ん中《なか》には三《み》つ編《あ》みがぶら下《さ》がっていた。

✦香港《ホンコン》に憧《あこが》れた女《おんな》の子《こ》✦

この女《おんな》の子《こ》の幽霊《ゆうれい》については、こんな話《はなし》がある。

1997年《ねん》に中国《ちゅうごく》に返還《へんかん》されるまで、

香港《ホンコン》はイギリスが統治《とうち》していた。
当時《とうじ》の香港《ホンコン》は、中国本土《ちゅうごくほんど》に比《くら》べ、暮《く》らしぶりが豊《ゆた》かで、自由《じゆう》があった。香港《ホンコン》は特《とく》に若者《わかもの》から憧《あこが》れの目《め》で見《み》られていた。女《おんな》の子《こ》もその一人《ひとり》だった。

ある時《とき》、女《おんな》の子《こ》は長《なが》い髪《かみ》を三《み》つ編《あ》みに束《たば》ね、彼氏《かれし》と香港《ホンコン》行《い》きの列車《れっしゃ》に隠《かく》れた。
列車《れっしゃ》はすんなり、香港《ホンコン》に入《はい》った。

「ようやく自由《じゆう》が手《て》に入《はい》る！」

女《おんな》の子《こ》は彼氏《かれし》と喜《よろこ》び合《あ》ったが、このまま列車《れっしゃ》に乗《の》っていると、いずれ入国審査《にゅうこくしんさ》を受《う》けることになる。そうすると、不法入国《ふほうにゅうこく》が

バレてしまう。

そこで二人《ふたり》は、列車《れっしゃ》が大学《だいがく》のある場所《ばしょ》を通過《つうか》したあたりで、列車《れっしゃ》から飛《と》び降《お》りた。

しかし、その拍子《ひょうし》に、長《なが》い三《み》つ編《あ》みが、電車《でんしゃ》のドアにひっかかってしまった。

女《おんな》の子《こ》の体《からだ》は列車《れっしゃ》に打《う》ち付《つ》けられ、顔《かお》から落《お》ち、しばらく引《ひ》きずられた。そしてそのまま、亡《な》くなってしまったのだそうだ。

キャンパスにはこんな話《はなし》もある。

やはり夜《よる》、学生《がくせい》がキャンパスの中《なか》を歩《ある》いていると、三《み》つ編《あ》みをした女《おんな》の子《こ》が地《じ》べたに座《すわ》り込《こ》んで泣《な》いている。


あまりに大《おお》きな声《こえ》で泣《な》くので近寄《ちかよ》ると、足《あし》をねんざしているようだ。

そこで学生《がくせい》は、女《おんな》の子《こ》に、

「大丈夫《だいじょうぶ》？」

と聞《き》いてみた。女《おんな》の子《こ》はうなずいた。

「じゃあ、顔《かお》を上《あ》げてみせてよ」

との問《と》いかけに、女《おんな》の子《こ》は、

「でもあなたは、私《わたし》の顔《かお》を見《み》たら、『怖《こわ》い』と言《い》うわ」

と、おもむろに顔《かお》をあげた。その顔《かお》には目《め》も鼻《はな》も口《くち》もなかった。

台湾《たいわん》

迷信《めいしん》や占《うらな》い好《す》きが多《おお》い台湾《たいわん》もまた、
幽霊《ゆうれい》にまつわるウワサは多《おお》い。
日本《にっぽん》が統治《とうち》していた時代《じだい》があることから、
日本《にっぽん》にまつわる怖《こわ》い話《はなし》も少《すく》なくない。

山中《さんちゅう》の赤《あか》い女《おんな》の子《こ》の怪《かい》

台湾《たいわん》には、映画化《えいがか》もされた「赤《あか》い女《おんな》の子《こ》」にまつわる怖《こわ》いウワサがある。

ある家族《かぞく》が、台中市《たいちゅうし》にある山《やま》へ、山登《やまのぼ》りに出《で》かけた。

その様子《ようす》をビデオに撮《と》っていたため、後日《ごじつ》、みんなで映像《えいぞう》をチェックした。

ここまではよくある行為《こうい》だ。しかし、ビデオを見《み》ながら、家族《かぞく》の一人《ひとり》があることに気付《きづ》いた。自分《じぶん》たちの背後《はいご》に赤《あか》い服《ふく》を着《き》た

女《おんな》の子《こ》がいる。

「こんな場所《ばしょ》に女《おんな》の子《こ》が？ 知《し》ってた？」

「知《し》らない」

よくよく見《み》ると、女《おんな》の子《こ》の顔《かお》は、老人《ろうじん》のようだった。その後《ご》、家族《かぞく》の身《み》に交通事故《こうつうじこ》など様々《さまざま》な不幸《ふこう》が起《お》きた。

気味《きみ》が悪《わる》くなった一家《いっか》は、ビデオをテレビ局《きょく》に送《おく》った。放映《ほうえい》されるやいなや、女《おんな》の子《こ》の正体《しょうたい》について、大論争《だいろんそう》になった。

「赤《あか》い女《おんな》の子《こ》は妖怪《ようかい》か幽霊《ゆうれい》だろう」

という人《ひと》もいれば、

「送《おく》り主《ぬし》がイタズラで作《つく》った、

やらせだろう」

という人《ひと》もいた。映像《えいぞう》はすぐ、改《かい》ざんされているかどうか検証《けんしょう》されたが、**「本物《ほんもの》」**だということが判明《はんめい》した。

◆赤《あか》にまつわる、不吉《ふきつ》な迷信《めいしん》◆

ところで、台湾《たいわん》では、

「赤《あか》い服《ふく》を着《き》て自殺《じさつ》すると、死後《しご》に強力《きょうりょく》な怨霊《おんりょう》になる」

というウワサがある。

この女《おんな》の子《こ》は、自殺《じさつ》し怨霊《おんりょう》となった霊《れい》だったのだろうか。

余談《よだん》だが、台湾《たいわん》には他《ほか》にも、

「子《こ》どもが結婚《けっこん》をすることなく死《し》んだ場《ば》合《あい》、赤《あか》い財布《さいふ》にお金《かね》とその子《こ》の体《からだ》の一部《いちぶ》(髪《かみ》)を入《い》れて、道路《どうろ》に置《お》く」

という風習《ふうしゅう》もあるのだそうだ。

もし、赤《あか》い財布《さいふ》を拾《ひろ》ったら、その相手《あいて》は「死《し》んだ子《こ》」の結婚相手《けっこんあいて》にされるのだという。

今《いま》ではすっかり廃《すた》れてしまった風習《ふうしゅう》だが、台湾《たいわん》の人《ひと》は赤《あか》い財布《さいふ》が落《お》ちていても決《けっ》して、拾《ひろ》わないのだという。

湖《みずうみ》・日月潭《にちげつたん》の霊《れい》

台湾《たいわん》のちょうど中央《ちゅうおう》に位置《いち》する、「日月《にちげつ》潭《たん》」は台湾最大《たいわんさいだい》の自然湖《しぜんこ》で、人気《にんき》の高《たか》い観《かん》光地《こうち》だ。

台湾《たいわん》のヘソとも呼《よ》ばれ、

「パワースポットだ」

と訪《おとず》れる、日本《にっぽん》の観光客《かんこうきゃく》も多《おお》い。

しかし、湖《みずうみ》には難破船《なんぱせん》がたくさん沈《しず》んでいて、多《おお》くの観光客《かんこうきゃく》が亡《な》くなっている。

そのため、観光客《かんこうきゃく》が湖《みずうみ》でボートを漕《こ》いでいると、たまに水《みず》の中《なか》に「人《ひと》」を見《み》ることがあるのだそうだ。

また、湖《みずうみ》が静《しず》かなときに突然《とつぜん》、水面《すいめん》にたくさんの「目《め》」が現《あらわ》れるというウワサもある。

「見開《みひら》いた無数《むすう》の目《め》がこっちを見《み》ている」

という事実《じじつ》は、大変《たいへん》な恐怖《きょうふ》なのだろう。

驚《おどろ》いてボートをひっくり返《かえ》し、亡《な》くなってしまう事故《じこ》もあるのだそうだ。

そのため、夜《よる》は、ボートではもちろん、日月潭周辺《にちげつたんしゅうへん》の観光《かんこう》も禁《きん》じられている。

湖《みずうみ》の中《なか》から、声《こえ》がする！

しかしたまに、その忠告《ちゅうこく》が無視《むし》されることがある。ある、二人《ふたり》の観光客《かんこうきゃく》もそうだった。

「日月潭《にちげつたん》に幽霊《ゆうれい》が出《で》るらしい」

というウワサを聞《き》いた二人《ふたり》は、

「確《たし》かめてみよう」

と真夜中《まよなか》、湖《みずうみ》に行《い》ってみた。

おしゃべりをしながらしばらく辺《あた》りを散策《さんさく》していると、湖《みずうみ》のほうから突然《とつぜん》、泣《な》き声《ごえ》が聞《き》こえてきた。

「空耳《そらみみ》？　もしかして幽霊《ゆうれい》？」

と、驚《おどろ》いた二人《ふたり》だったが、もしかしたら誰《だれ》かが湖《みずうみ》に落《お》ちたのかもしれない。

「助《たす》けなくては！」

と、とっさに湖《みずうみ》に飛《と》び込《こ》んだのだろう。

翌朝《よくあさ》、湖《みずうみ》にはおぼれ死《し》んだ二人《ふたり》の死体《したい》が浮《う》かんでいた。

実《じつ》はこの湖《みずうみ》では、船《ふね》が転覆《てんぷく》し、観光客《かんこうきゃく》が57人《にん》も亡《な》くなるという事故《じこ》も起《お》きている。

そのため、「鬼月《おにづき》（7月《がつ》）」になると、湖《みずうみ》だけでなく、近《ちか》くの建物《たてもの》でも幽霊《ゆうれい》のウワサが聞《き》かれるのだそうだ。

韓国《かんこく》

インターネットの普及率《ふきゅうりつ》が高《たか》い韓国《かんこく》は、日本《にっぽん》の「都市伝説《としてんせつ》」についても驚《おどろ》くほど詳《くわ》しい。それをベースにした映画《えいが》も多《おお》く、一《ひと》つのカルチャーを作《つく》り上《あ》げている。

エレベーターに要注意《ようちゅうい》

お隣《となり》の国《くに》、韓国《かんこく》には、日本《にっぽん》に似《に》た都市伝説《としでんせつ》や、日本《にっぽん》に由来《ゆらい》する怖《こわ》い話《はなし》が少《すく》なくない。日本《にっぽん》ではあまり知《し》られていないが、「日本《にっぽん》で起《お》きた、本当《ほんとう》の話《はなし》だ」として語《かた》られている、エレベーターにまつわる有名《ゆうめい》な怖《こわ》いウワサもある。

あるマンションで、深夜《しんや》に帰宅《きたく》した女子《じょし》大生《だいせい》がいた。女子大生《じょしだいせい》が住《す》む部屋《へや》は9階《かい》にある。そこでエレベーターに乗《の》り込《こ》み、9

階《かい》のボタンを押《お》そうとしたところ、スーツを着《き》た真面目《まじめ》そうな男性《だんせい》が乗《の》り込《こ》んできた。

「何階《なんかい》ですか？」

と、女子大生《じょしだいせい》が男性《だんせい》に聞《き》くと、男性《だんせい》は、

「すぐ、下《した》の階《かい》に住《す》んでいる者《もの》です」

と、答《こた》えた。そこで女子大生《じょしだいせい》は8階《かい》のボタンを押《お》した。

8階《かい》に到着《とうちゃく》し、男性《だんせい》はエレベーターを降《お》りた。そしておもむろに、スーツの中《なか》から何《なに》かを取《と》り出《だ》した。

なんとそれは、ナイフだった。そして、男性《だんせい》は、9階《かい》につながる階段《かいだん》に向《む》かって歩《ある》き始《はじ》めた。

「え？　ナイフ？　どういうこと？」

エレベーターのドアが閉《と》じた。

エレベーターが上《うえ》にあがるのを感《かん》じながら、女子大生《じょしだいせい》がパニックにおちいっていると、エレベーターは9階《かい》に着《つ》いた。

ドアが開《ひら》いた。

そこには、あの男性《だんせい》が立《た》っていて、女《じょ》子大生《しだいせい》をナイフで刺《さ》し殺《ころ》した。

この事件《じけん》をきっかけに、日本《にっぽん》ではエレベーターに緊急停止《きんきゅうていし》ボタンが設置《せっち》されたという。

しかし、日本《にっぽん》にはこのような事件《じけん》が起《お》きたという報告《ほうこく》はなく、ウワサがウワサを呼《よ》んで、韓国《かんこく》に広《ひろ》まったようだ。

実《じつ》は韓国《かんこく》にはエレベーターにまつわる怖《こわ》いウワサがいくつもある。

✦エレベーターに住《す》まうもの✦

ある高層《こうそう》マンションに住《す》む女《おんな》の子《こ》は、なぜかエレベーターに乗《の》ることが怖《こわ》かった。

特《とく》にこのマンションのエレベーターに乗《の》ると、いつも、誰《だれ》かに見《み》られている気《き》がしてならなかった。

ある日《ひ》、学校《がっこう》で補習授業《ほしゅうじゅぎょう》があった。

家《いえ》に帰《かえ》る頃《ころ》には辺《あた》りはもう暗《くら》くなってい

るはずだ。

そこで、女《おんな》の子《こ》は学校《がっこう》に行《い》く前《まえ》に、

「お母《かあ》さん、私《わたし》、エレベーターが怖《こわ》いの」

と、母親《ははおや》に打《う》ち明《あ》けた。

「じゃあ、帰《かえ》りはお母《かあ》さんが迎《むか》えに行《い》こうか？」

と、母親《ははおや》は笑《わら》った。

「その代《か》わり、マンションに着《つ》いたら、インターホンで、教《おし》えてね」

さて、補習授業《ほしゅうじゅぎょう》が終《お》わり、マンションに戻《もど》ると、マンションの入《い》り口《ぐち》に母親《ははおや》の姿《すがた》が見《み》えた。


女《おんな》の子《こ》はホッとして、母親《ははおや》と一緒《いっしょ》にエレベーターに乗《の》った。そして、母親《ははおや》に向《む》かって言《い》った。

「お母《かあ》さん、待《ま》っていてくれたの？　ありがとう。今日《きょう》はあんまり怖《こわ》くないわ」

すると、母親《ははおや》は女《おんな》の子《こ》に向《む》かって、笑《わら》って言《い》った。


「あなたは、まだ私《わたし》が、あなたのお母《かあ》さんに見《み》えるの？」

母親《ははおや》だと思《おも》っていた人《ひと》は、母親《ははおや》とは別《べつ》の「何《なに》か」だった。

✦乗《の》り合《あ》わせた、殺人犯《さつじんはん》✦

こんな話《はなし》もある。

ある女子大生《じょしだいせい》が夜《よる》、マンションの1階《かい》でエレベーターを待《ま》っていると、帽子《ぼうし》を深《ふか》くかぶったマスク姿《すがた》の男性《だんせい》と一緒《いっしょ》になった。

気味《きみ》が悪《わる》いなと思《おも》っていると、同《おな》じ大学《だいがく》の学生《がくせい》らしき男性《だんせい》も乗《の》り込《こ》んできた。

女子大生《じょしだいせい》は14階《かい》、マスク姿《すがた》の男性《だんせい》は18階《かい》のボタンを押《お》した。

すると、男子学生《だんしがくせい》は二人《ふたり》が押《お》すのを待《ま》ってから6階《かい》を押《お》した。

そして突然《とつぜん》女子大生《じょしだいせい》の方《ほう》を向《む》いて、

「ねえ、今《いま》からうちに遊《あそ》びに来《こ》ない？　レポート教《おし》えてよ」

と、話《はな》しかけてきた。

初対面《しょたいめん》の男性《だんせい》だ。普段《ふだん》なら断《ことわ》るが、馴《な》れ馴《な》れしい口調《くちょう》なのに、男子学生《だんしがくせい》の目《め》があまりにも真剣《しんけん》だったので、

「いいわよ」

と応《おう》じ、二人《ふたり》で6階《かい》で降《お》りた。

エレベーターのドアが閉《し》まり、上《うえ》に上《あ》がっていくのを見届《みとど》けて、男子学生《だんしがくせい》は、

「良《よ》かった」

と、その場《ば》に座《すわ》り込《こ》んだ。

女子大生《じょしだいせい》が、

「いったい何《なに》があったの？」

と聞《き》くと、男子学生《だんしがくせい》は、

「実《じつ》は、一緒《いっしょ》に乗《の》っていたあのマスク姿《すがた》の男《おとこ》の人《ひと》のジャケットの下《した》から、ナイフが見《み》えたんだ」

と答《こた》えた。

なんと、マスク姿《すがた》の男性《だんせい》の正体《しょうたい》は、連続《れんぞく》殺人犯《さつじんはん》だったのだ。

赤《あか》い外《げ》科《か》用《よう》マスク

1970年代末《ねんだいすえ》ごろ、日本《にっぽん》では「口裂《くちさ》け女《おんな》」のウワサが流行《りゅうこう》した。

ご存知《ぞんじ》の通《とお》り、口裂《くちさ》け女《おんな》とは、下校中《げこうちゅう》の小学生《しょうがくせい》に、

「私《わたし》キレイ？」

と聞《き》くマスク姿《すがた》の女性《じょせい》の幽霊《ゆうれい》で、

「キレイ」

と答《こた》えると、

「これでもキレイ？」

と、マスクを外《はず》す。マスクの下《した》には耳《みみ》まで裂《さ》けた口《くち》があり、ナイフで答《こた》えた子《こ》の口《くち》を切《き》り裂《さ》くというのが、あらすじだ。

実《じつ》は韓国《かんこく》にも、同《おな》じような「口裂《くちさ》け女《おんな》」のウワサがある。

✦整形手術《せいけいしゅじゅつ》で失敗《しっぱい》した女性《じょせい》の霊《れい》✦

日本《にっぽん》の口裂《くちさ》け女《おんな》との大《おお》きな違《ちが》いは、韓国《かんこく》版《ばん》の口裂《くちさ》け女《おんな》は、「整形手術《せいけいしゅじゅつ》に失敗《しっぱい》した女《じょ》性《せい》の霊《れい》」だという点《てん》だ。

スタイルがよく、背《せ》が高《たか》い女性《じょせい》が道《みち》を歩《ある》いている。髪《かみ》は長《なが》く、目元《めもと》はいかにも美人《びじん》だが、口元《くちもと》を見《み》ると、赤《あか》い外科用《げかよう》のマスクをしている。

そんな女性《じょせい》が、突然《とつぜん》、

「私《わたし》、可愛《かわい》いですか?」

と聞《き》いてくる。そこで、

「はい、可愛《かわい》いです」

と答《こた》えると、おもむろに女性《じょせい》はマスクをはずす。マスクの下《した》にはやはり、耳《みみ》まで裂《さ》けた口《くち》がのぞいている。

そして、医療用《いりょうよう》のメスを取《と》り出《だ》すと、

「ウソをつかないで」

と、メスで相手《あいて》の首《くび》に切《き》りつけるというのだ。だからといって、

「いいえ」

と答《こた》えると、

「じゃあ、私《わたし》と同《おな》じ姿《すがた》にしてやる」

と、女性《じょせい》と同《おな》じように、口《くち》を切《き》り裂《さ》かれる。

面白《おもしろ》いのが、血液型《けつえきがた》にしたがって、口《くち》を切《き》るという説《せつ》だ。あなたがA型《エーがた》なら1センチ、B型《ビーがた》なら2センチ、O型《オーがた》かAB型《エービーがた》なら耳《みみ》まで切《き》り裂《さ》かれるという。

フィリピン

全人口《ぜんじんこう》の90%《パーセント》がカトリック教徒《きょうと》の
フィリピンは、信心深《しんじんぶか》い人《ひと》が多《おお》く、
幽霊《ゆうれい》を恐《おそ》れる人《ひと》も多《おお》い。
また、不思議《ふしぎ》な話《はなし》もたくさんある。

ジープニーの首《くび》なし事件《じけん》

フィリピンは、インドネシアのように、7000以上《いじょう》の島々《しまじま》で構成《こうせい》されている。また、多民族国家《たみんぞくこっか》で、一説《いっせつ》によると200近《ちか》い民族《みんぞく》が存在《そんざい》しているともいわれている。

人口《じんこう》も1億人以上《おくにんいじょう》だが、その多《おお》くは、首《しゅ》都《と》マニラのある北部《ほくぶ》のルソン島《とう》、南部《なんぶ》のミンダナオ島《とう》、そしてレイテ島《とう》やセブ島《とう》などの11島《とう》に集《あつ》まっている。

中《なか》でもマニラは、都市圏《としけん》も含《ふく》めると人口《じんこう》

2千万人《せんまんにん》を超《こ》える大都市《だいとし》だ。

そんなマニラでよく用《もち》いられる乗《の》りものが「ジープニー」と呼《よ》ばれる、乗《の》り合《あ》いタクシーだ。

15～25人《にん》と車中《しゃちゅう》を共《とも》にする乗客《じょうきゃく》が多《おお》く、原則《げんそく》、決《き》まったルートを走《はし》るが、時刻表《じこくひょう》や停留所《ていりゅうじょ》がなく、好《す》きな場所《ばしょ》で乗《の》り降《お》りさせてくれる。

そのため地元《じもと》の人々《ひとびと》からは便利《べんり》に活用《かつよう》されている。このジープニーにまつわる怖《こわ》いウワサがマニラにある。

✦ミラーごしに見《み》えたもの✦

ある女《おんな》の子《こ》が、大学《だいがく》の図書館《としょかん》で真夜中近《まよなかちか》くまで調《しら》べものをしていた。

外《そと》に出《で》ると真《ま》っ暗《くら》だ。そこに1台《だい》のジープニーが通《とお》りかかった。女《おんな》の子《こ》は迷《まよ》わず、ジープニーに乗《の》ることに決《き》めた。

しばらくして、ジープニーの運転手《うんてんしゅ》が、ミラーごしに自分《じぶん》の顔《かお》をじっと見《み》つめていることに気《き》がついた。

「気持《きも》ちが悪《わる》い」

と、女《おんな》の子《こ》は目《め》をそらした。

そうするうちに、ジープニーは知《し》らない道《みち》を走《はし》り始《はじ》めた。

「どうしよう」

と女《おんな》の子《こ》は不安《ふあん》になったが、真夜中《まよなか》だ。大騒《おおさわ》ぎをするほうが、危険《きけん》だと感《かん》じた。

乗《の》り合《あ》いタクシー、ジープニー

しかし、しばらくするとジープニーは通《つう》常《じょう》のコースに戻《もど》り、ようやく女《おんな》の子《こ》の目指《めざ》す目的地《もくてきち》に近《ちか》づいた。

ホッと胸《むね》をなで下《お》ろす女《おんな》の子《こ》に、ジープニーの運転手《うんてんしゅ》は突然《とつぜん》、

「あなたを怖《こわ》がらせたなら、ごめんね」

とあやまってきた。

「どうしたんですか？」

と、女《おんな》の子《こ》が聞《き》くと、

「実《じつ》は、バックミラー越《ご》しに見《み》た、あなたの体《からだ》に、頭《あたま》がなかったんだ。だから『悪霊《あくりょう》のしわざかも』と思《おも》って、ルートを変《か》えた。今《いま》、あなたの体《からだ》にはちゃんと頭《あたま》がついてい

る。でも家《いえ》に帰《かえ》ったら、今着《いまき》ている服《ふく》は焼《や》いたほうがいい。悪霊《あくりょう》が憑《つ》いているかもしれないから」

女《おんな》の子《こ》は家《いえ》に帰《かえ》ると急《いそ》いで、全《すべ》ての服《ふく》を脱《ぬ》いで、焼《や》いた。

数日後《すうじつご》、彼女《かのじょ》は、あのジープニーの運転手《うんてんしゅ》が事故《じこ》で死亡《しぼう》したというニュースを見《み》た。

取《と》り憑《つ》かれていたのは女《おんな》の子《こ》ではなく、運転手《うんてんしゅ》だったのだ。

カラオケで歌《うた》ってはいけない曲《きょく》

◆なぜか、殺人《さつじん》が起《お》きる曲《きょく》◆

今《いま》や世界的《せかいてき》に通《つう》じる単語《たんご》となっている日本語《にほんご》の一《ひと》つに、「カラオケ」がある。

特《とく》に音楽好《おんがくず》きが多《おお》いフィリピンでは、カラオケが一般的《いっぱんてき》な娯楽《ごらく》になっている。

そんなフィリピンで、「歌《うた》ってはいけない」と言《い》われている歌《うた》がある。アメリカ人《じん》歌手《かしゅ》フランク・シナトラが歌《うた》い、1960年代《ねんだい》から1970年代《ねんだい》に世界的《せかいてき》に大《だい》ヒットした「マイ・ウェイ」という曲《きょく》がそれだ。

さて「マイ・ウェイ」だが、歌詞《かし》はこれまでの自分《じぶん》の人生《じんせい》を振《ふ》り返《かえ》り、自分《じぶん》をふるい立《た》たせるような、力強《ちからづよ》さを持《も》つ。

曲調《きょくちょう》も穏《おだ》やかな雰囲気《ふんいき》で始《はじ》まり、後半《こうはん》に向《む》かうにつれて声《こえ》のボリュームを要求《ようきゅう》され、ラストは絶叫《ぜっきょう》に近《ちか》くなるほどの大声《おおごえ》を出《だ》すことになる。

伸《の》びやかな曲調《きょくちょう》は、歌《うた》っていて気持《きも》ちが

良《よ》く、「ストレスが発散《はっさん》できる」と人気《にんき》が高《たか》い。

問題《もんだい》は、聞《き》かされるほうだ。場所《ばしょ》とタイミングによっては、

「うるさい」

と、殺意《さつい》を抱《いだ》く人《ひと》もいる。

歌《うた》い手側《てがわ》も、褒《ほ》められる分《ぶん》にはいいが、

「へたくそ！　音痴《おんち》！」

などとヤジられると、特《とく》にカチンとするようだ。それが殺人《さつじん》にまで発展《はってん》することもある。

一説《いっせつ》には、フィリピンでは「マイ・ウェイ」が理由《りゆう》で、これまでに数十人《すうじゅうにん》が負傷《ふしょう》し、十数件《じゅうすうけん》の殺人事件《さつじんじけん》が起《お》きたという。

あまりの数《かず》の多《おお》さから、「マイ・ウェイ・キリング（マイ・ウェイ殺人《さつじん》）」という言葉《ことば》が生《う》まれたくらいだ。

では、一人《ひとり》カラオケで満足《まんぞく》すればいいのかといえばそうでもなく、たとえ一人《ひとり》で歌《うた》っていても、

「そのまま倒《たお》れて、亡《な》くなった」

という報告《ほうこく》もある。オカルトに詳《くわ》しい人《ひと》たちの間《あいだ》では、

「フィリピンの土地《とち》には、「マイ・ウェイ」の曲《きょく》の周波数《しゅうはすう》と反発《はんぱつ》する、何《なに》かがあるので

はないか」

などと、ウワサが出《で》ているという。

そのためフィリピンの人《ひと》は、カラオケの際《さい》は、この歌《うた》を避《さ》けて選曲《せんきょく》をする。

それでも、2007年《ねん》、29歳《さい》の男性《だんせい》がこの歌《うた》を歌《うた》ったところ、カラオケバーの警備《けいび》員《いん》に銃殺《じゅうさつ》された。

この事件《じけん》をきっかけに、首都《しゅと》のマニラの多《おお》くのバーでは、カラオケ機《き》のプレイリストから削除《さくじょ》されたそうだ。

それぐらいフィリピンでは、「要注意《ようちゅうい》」の歌《うた》なのである。

チャートでわかる！

今《いま》のあなたに必要《ひつよう》なパワーストーン

不思議《ふしぎ》な力《ちから》を持《も》つパワーストーン。石《いし》によって、叶《かな》えてくれる願《ねが》いが違《ちが》うよ。今《いま》のあなたに必要《ひつよう》なパワーストーンを見《み》つけよう！

はい →　いいえ ┈┈>

スタート

自分《じぶん》は前向《まえむ》きな性格《せいかく》だと思《おも》う。

悩《なや》みは人《ひと》に話《はな》して解決《かいけつ》するタイプ。

偶然《ぐうぜん》、幸運《こううん》がやってくることがある。

一人《ひとり》でいるのが好《す》きな方《ほう》だ。

自信《じしん》が欲《ほ》しいと思《おも》うことがよくある。

一度《いちど》考《かんが》え始《はじ》めると、止《と》まらなくなる。

心配《しんぱい》なことがあると、眠《ねむ》れなくなる。

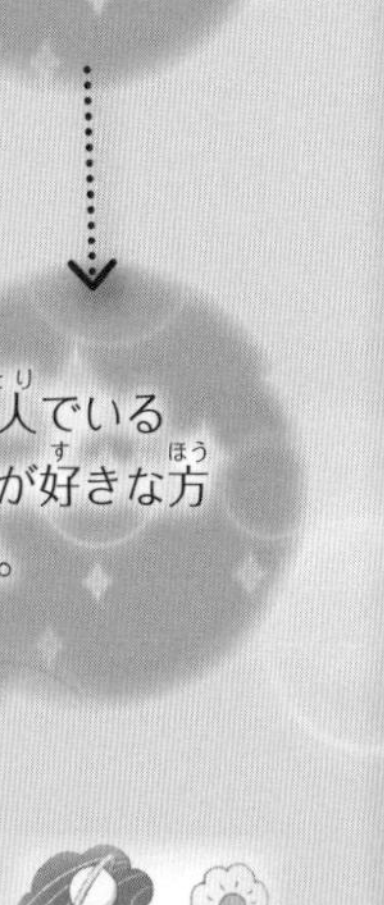

クリスタル（水晶《すいしょう》）

万能《ばんのう》の石《いし》で、運《うん》気《き》をアップしてくれる。透明《とうめい》な色《いろ》が多《おお》いよ。

ラピスラズリ

強運《きょううん》を引《ひ》き寄《よ》せ、信念《しんねん》が持《も》てる石《いし》。試験《しけん》にも最適《さいてき》。濃《こ》い青色《あおいろ》だよ。

ローズクォーツ

ピンク色《いろ》の愛《あい》を叶《かな》える石《いし》。積極的《せっきょくてき》になれて、魅力《みりょく》アップにつながる。

ムーンストーン

心《こころ》を落《お》ち着《つ》かせ、自分《じぶん》らしい魅力《みりょく》が持《も》てる。白《しろ》いキラキラした石《いし》。

アメジスト

冷静《れいせい》さと、愛《あい》と慈《いつく》しみの心《こころ》が持《も》てるうす紫色《むらさきいろ》の石《いし》。恋愛《れんあい》にも最適《さいてき》。

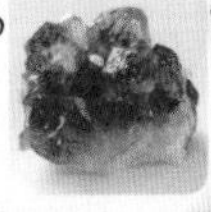

言《い》われたことは、すぐにやるほうだ。

勉強《べんきょう》はどちらかというと、苦手《にがて》だ。

あまり恋愛《れんあい》に積極的《せっきょくてき》になれない。

今《いま》、とても悩《なや》んでいることがある。

落《お》ち着《つ》きがないと言《い》われたことがある。

インドネシア

土着《どちゃく》の精霊信仰《せいれいしんこう》が強《つよ》いインドネシアは、
イスラム教国家《きょうこっか》でありながら、
世界有数《せかいゆうすう》の心霊大国《しんれいたいこく》だ。除霊《じょれい》してくれる、
魔術師《まじゅつし》も多《おお》く存在《そんざい》するという。

女《おんな》の子《こ》とパンダのぬいぐるみ

インドネシアは、多民族国家《たみんぞくこっか》だ。国土《こくど》の広《ひろ》さは日本《にっぽん》の5倍《ばい》もあり、アジア大陸《たいりく》からオーストラリア大陸《たいりく》へ続《つづ》く海上《かいじょう》に点在《てんざい》する、約《やく》1万《まん》5000島《とう》がインドネシアに所属《しょぞく》する。

人《ひと》が住《す》む島《しま》は3000島《とう》ほどだが、人口《じんこう》は約《やく》2億《おく》4千万人《せんまんにん》。500以上《いじょう》の言語《げんご》が存《そん》在《ざい》すると言《い》われている。

とはいえ、人口《じんこう》の半数《はんすう》は首都《しゅと》ジャカルタのある、ジャワ島《とう》で暮《く》らしている。

バンドンは、そんなジャワ島《とう》の西部《せいぶ》にある大都市《だいとし》だ。

オランダ統治時代《とうちじだい》の建築物《けんちくぶつ》も多《おお》く「ジャワのパリ」という異名《いみょう》を持《も》つが、少《すこ》し郊外《こうがい》へ行《い》くと、果樹園《かじゅえん》や茶畑《ちゃばたけ》が広《ひろ》がる。観光《かんこう》を兼《か》ねて避暑《ひしょ》に訪《おとず》れる外国人《がいこくじん》も少《すく》なくない。

そんなバンドンにも、幽霊《ゆうれい》のウワサはある。

最《もっと》も有名《ゆうめい》なものが、1981年《ねん》に死亡《しぼう》した2歳《さい》の女《おんな》の子《こ》の幽霊《ゆうれい》だ。

この幽霊《ゆうれい》には哀《かな》しい逸話《いつわ》がある。

◆哀《かな》しい、交通事故《こうつうじこ》◆

ある一家《いっか》が、バンドンのとある通《とお》り沿《ぞ》いにあるレストランを訪《おとず》れた。

駐車場《ちゅうしゃじょう》に車《くるま》を止《と》め、レストランに向《む》かおうとしたその時《とき》だ。猛《もう》スピードで走《はし》ってきた1台《だい》のオートバイがカーブを曲《ま》がりそこね、2歳《さい》の女《おんな》の子《こ》をはねた。

女《おんな》の子《こ》の体《からだ》は街路樹《がいろじゅ》の上《うえ》まで飛《と》ばされ、地面《じめん》に叩《たた》き付《つ》けられた。

家族《かぞく》は急《いそ》いで救急車《きゅうきゅうしゃ》を呼《よ》んだ。病院《びょういん》に入院《にゅういん》した女《おんな》の子《こ》は意識《いしき》がもうろうとしながらも、1週間《しゅうかん》、がんばった。

しかし、

「ねえ、私《わたし》のぬいぐるみは？　どこ？」

と言《い》いながら、息《いき》を引《ひ》き取《と》った。

女《おんな》の子《こ》は、お気《き》に入《い》りのパンダのぬいぐるみをいつも抱《だ》っこしていた。事故《じこ》のこの瞬間《しゅんかん》も、抱《だ》いていたのだ。

はね飛《と》ばされた拍子《ひょうし》にどこかへ行《い》ってしまったのだろうと、家族《かぞく》や親《しん》せき中《じゅう》が必死《ひっし》になって探《さが》した。しかし、ぬいぐるみは見《み》つからなかった。

✦店《みせ》にパンダのぬいぐるみが！✦

事故《じこ》の現場《げんば》で小《ちい》さなパンダのぬいぐるみを抱《だ》く、女《おんな》の子《こ》の幽霊《ゆうれい》が見《み》られるようになったのはそれからだ。

特《とく》に女《おんな》の子《こ》が行《い》く予定《よてい》だったレストランで目撃《もくげき》されている。従業員《じゅうぎょういん》の一人《ひとり》は、

「駐車場《ちゅうしゃじょう》にパンダのぬいぐるみが落《お》ちていた。お客《きゃく》さんが忘《わす》れたのかなと、店《みせ》に持《も》ち帰《かえ》り、テーブルの上《うえ》に置《お》いていたところ、立《た》ち上《あ》がり、歩《ある》いた」

と話《はな》しているし、

「駐車場《ちゅうしゃじょう》で汚《よご》れたパンダのぬいぐるみを拾《ひろ》い上《あ》げる女《おんな》の子《こ》を見《み》た。一瞬《いっしゅん》目《め》を離《はな》し、再《ふたた》びその場《ば》に目《め》を向《む》けると、女《おんな》の子《こ》は消《き》えていた」

という他《ほか》の従業員《じゅうぎょういん》の証言《しょうげん》もある。

レストランを訪《おとず》れた客《きゃく》の中《なか》にも、汚《よご》れて茶色《ちゃいろ》いパンダのぬいぐるみを抱《だ》いて、食卓《しょくたく》についている女《おんな》の子《こ》の幽霊《ゆうれい》を「見《み》た」という人《ひと》がいる。

また、樹木《じゅもく》に小《ちい》さなパンダのぬいぐるみがぶら下《さ》がっている姿《すがた》や、女《おんな》の子《こ》が汚《よご》れたパンダのぬいぐるみを持《も》って、木《き》の下《した》に座《すわ》っている姿《すがた》を見《み》た人《ひと》もいる。

そのため、地元《じもと》のドライバーは夜間《やかん》、この道《みち》を走《はし》ることを嫌《いや》がるのだそうだ。

ミスター・ジペンのトイレの伝説《でんせつ》

1990年代《ねんだい》、インドネシアで有名《ゆうめい》になった都市伝説《としでんせつ》がある。

「ミスター・ジペン（Mr.Gepeng）」と呼《よ》ばれるものがそれだ。

あるところに、ジペン氏《し》というお金持《かねも》ちがいた。このジペン氏《し》がエレベーターに乗《の》ろうとしたところ、ドアにつぶされ、死《し》んでしまった。

それからというもの、**幽霊《ゆうれい》**になって、なぜか女子《じょし》トイレに現《あらわ》れるのだという。

ジペン氏《し》の職業《しょくぎょう》については、会社《かいしゃ》の経営《けいえい》者《しゃ》、ビジネスマン、医者《いしゃ》など様々《さまざま》な説《せつ》が語《かた》られている。エレベーターではなく、ブルドーザーでひき殺《ころ》されたというウワサもある。

いずれにせよ、ジペン氏《し》は女子《じょし》トイレに出没《しゅつぼつ》する。そして、こんな怖《こわ》いウワサがある。

✦トイレの上《うえ》に、誰《だれ》かいる！✦

ある女《おんな》の子《こ》が、放課後《ほうかご》、学校《がっこう》に残《のこ》って勉《べん》強《きょう》をしていた。

友達《ともだち》は帰《かえ》ってしまい、残《のこ》っているのは数《すう》人《にん》の先生《せんせい》と、用務員《ようむいん》さんだけだ。

「私《わたし》も早《はや》く帰《かえ》らないと」

と思《おも》いつつも、トイレに行《い》きたくなった。

そこで女《おんな》の子《こ》は、学校《がっこう》の倉庫《そうこ》の隣《となり》にあるトイレにかけこんだ。

用《よう》をたして、トイレの個室《こしつ》から出《で》ようとしたそのときだ。個室《こしつ》の上部《じょうぶ》から、長《なが》くて黒《くろ》い手《て》が降《お》りてきた。


助《たす》けを求《もと》める時間《じかん》はなかった。手《て》は女《おんな》の子《こ》の口《くち》をふさいだ。女《おんな》の子《こ》はそのまま死《し》んでしまったという。

女《おんな》の子《こ》が死《し》んでしまっているのに、なぜ、そのいきさつが判明《はんめい》しているのかは定《さだ》かではない。しかし、

「女子《じょし》トイレでミスター・ジペンの幽霊《ゆうれい》を見《み》た！」

というウワサはインドネシアのあちこちでささやかれていて、信《しん》じる小学生《しょうがくせい》は少《すく》なくない。

中《なか》には怖《こわ》くてトイレに行《い》けず、もらしてしまう女《おんな》の子《こ》もいるのだそうだ。

✦電話《でんわ》をかけたら、大金《たいきん》がもらえる？✦

ミスター・ジペンについては、こんな都《と》市伝説《しでんせつ》もある。

彼《かれ》の電話番号《でんわばんごう》777777に電話《でんわ》をかけると、お金《かね》がもらえるという。彼《かれ》はスーツケースに大金《たいきん》を入《い》れ、運《はこ》んでいる途中《とちゅう》で死《し》んでしまったと伝《つた》えられているからだ。

さて、お金《かね》の受《う》け取《と》り方《かた》はこうだ。

ミスター・ジペンに電話《でんわ》をかけたら、翌《よく》日《じつ》、女子《じょし》トイレに入《はい》る。そして、前《まえ》に一《いっ》歩《ぽ》、後《うし》ろに一歩《いっぽ》、左側《ひだりがわ》に一歩《いっぽ》、右側《みぎがわ》に一歩《いっぽ》歩《ある》く。すると、トイレの穴《あな》からお金《かね》が現《あらわ》れるといわれている。

またミスター・ジペンは「願《ねが》いごとを叶《かな》えてくれる」というウワサもある。そのためには、
①夜《よる》の11時《じ》に、学校《がっこう》か公衆《こうしゅう》トイレに忍《しの》び込《こ》み、扉《とびら》を内側《うちがわ》から閉《と》じる。
②電気《でんき》を全《すべ》て消《け》して真《ま》っ暗《くら》やみにする。
③内側《うちがわ》からトイレの扉《とびら》をトントントンと叩《たた》き、3歩《ぽ》後《うし》ろに歩《ある》き、3歩《ぽ》前《まえ》に歩《ある》く。
④再《ふたた》びトイレの扉《とびら》を内側《うちがわ》からトントントンと叩《たた》き、願《ねが》いごとを言《い》って扉《とびら》を開《あ》ける。
すると、ミスター・ジペンが現《あらわ》れ、願《ねが》いごとを叶《かな》えてくれるそうだ。

バリ島《とう》の『幽霊《ゆうれい》の宮殿《きゅうでん》』

ジャワ島《とう》の東《ひがし》に位置《いち》するバリ島《とう》は、世界《せかい》屈指《くっし》のリゾート地《ち》として有名《ゆうめい》だ。このバリ島《とう》に「ゴースト・パレス（幽霊《ゆうれい》の宮殿《きゅうでん》）」と呼《よ》ばれる、心霊《しんれい》スポットがある。もともとは、高級《こうきゅう》ホテルとして建《た》てられたようだ。今《いま》も残《のこ》る建物《たてもの》のつくりはエレガントで、放置《ほうち》された家具《かぐ》も一級品《いっきゅうひん》ばかりだという。

しかし、ホテルは営業《えいぎょう》されていない。所有者《しょゆうしゃ》も分《わ》からない。誰《だれ》の持《も》ち物《もの》なのかは定《さだ》かではないためか、バリ島《とう》をさまよう幽霊《ゆうれい》のすみかになってしまったようだ。夜《よる》、ホテルを訪《おとず》れると、さまざまな幽霊《ゆうれい》が現《あらわ》れるという。

✦バリ島《とう》そのものが霊的《れいてき》スポット？✦

最《もっと》も有名《ゆうめい》なのが、ホテルの建設中《けんせつちゅう》に亡《な》くなった、作業員《さぎょういん》の霊《れい》だ。肩《かた》のあたりまで髪《かみ》がある、美《うつく》しい女《おんな》の子《こ》の幽霊《ゆうれい》も「出《で》る」のだという。

地元《じもと》の人《ひと》は近《ちか》づかないそうだが、ウワサを聞《き》きつけた外国人観光客《がいこくじんかんこうきゃく》が「肝試《きもだめ》し」と称《しょう》してよく、このホテルに忍《しの》び込《こ》む。もちろん、禁《きん》じられた行為《こうい》だ。

そのほとんどが「幽霊《ゆうれい》なんていなかった」「幽霊《ゆうれい》どころか、罰金《ばっきん》をとられた」と落胆《らくたん》して帰《かえ》るが、中《なか》には、

「白《しろ》いフワフワとただようものを見《み》た」

「誰《だれ》もいないはずの部屋《へや》から、女性《じょせい》がすすり泣《な》く声《こえ》が聞《き》こえた」

と、恐怖《きょうふ》のあまりホテルから逃《に》げ出《だ》す人《ひと》もいるのだそうだ。だが、

「バリ島《とう》そのものが心霊《しんれい》スポットだ」

という人《ひと》もいる。というのも、バリ島《とう》は「神々《かみがみ》の島《しま》」とも呼《よ》ばれ、世界屈指《せかいくっし》のパワースポットとしても有名《ゆうめい》だからだ。

一方《いっぽう》で、さまよう霊《れい》も少《すく》なくない。

「ホテルで寝《ね》ていたら金縛《かなしば》りにあった」

という体験《たいけん》はよく聞《き》かれる話《はなし》で、祓《はら》ってくれる呪術者《じゅじゅつしゃ》も多《おお》いのだという。

ベトナム

古来《こらい》から、モンゴルや中国《ちゅうごく》の侵略《しんりゃく》と
支配《しはい》を受《う》け、フランスやアメリカとの
紛争《ふんそう》の地《ち》にもなったベトナム。
哀《かな》しくも血塗《ちぬ》られた怖《こわ》い話《はなし》は少《すく》なくない。

美術館《びじゅつかん》に出《で》る、アオザイの霊《れい》

ベトナム南部《なんぶ》に位置《いち》する都市《とし》、ホーチミン市《し》の第《だい》1区《く》に、「幽霊《ゆうれい》が出《で》る」と有名《ゆうめい》な、美術館《びじゅつかん》がある。

「ホーチミン市《し》美術博物館《びじゅつはくぶつかん》」がそれだ。

今《いま》から100年《ねん》ほど前《まえ》、中国《ちゅうごく》からベトナムに渡《わた》り、大成功《だいせいこう》をおさめた大富豪《だいふごう》がいた。

この大富豪《だいふごう》は、3人《にん》の息子《むすこ》のためにホーチミンに大豪邸《だいごうてい》を建《た》てた。

しかし、ある時《とき》から誰《だれ》も住《す》まなくなり、

幽霊《ゆうれい》のウワサまで立《た》ち始《はじ》めた。

幽霊《ゆうれい》を目撃《もくげき》した人《ひと》は、口々《くちぐち》に

「深夜《しんや》、建物《たてもの》から若《わか》い女《おんな》の人《ひと》の叫《さけ》び声《ごえ》や、すすり泣《な》く声《こえ》を聞《き》いた」

「夜《よる》、窓《まど》の辺《あた》りに白《しろ》い影《かげ》がゆれていた」

と、語《かた》った。実《じつ》は、この屋敷《やしき》には、哀《かな》しい物語《ものがたり》があったと言《い》われている。

◆病弱《びょうじゃく》な娘《むすめ》の霊《れい》が……◆

大富豪《だいふごう》の3人《にん》の息子《むすこ》のうちの一人《ひとり》には、美《うつく》しい娘《むすめ》がいた。娘《むすめ》は難病《なんびょう》に苦《くる》しみ、屋敷《やしき》から外《そと》に出《で》ることなく、治療《ちりょう》を受《う》けていた。

しかし、そのかいもなく、十代《じゅうだい》の若《わか》さで死《し》んでしまった。

「娘《むすめ》から離《はな》れたくない」

と思《おも》った両親《りょうしん》は、火葬《かそう》した娘《むすめ》の骨《ほね》を石《いし》とガラスでできた箱《はこ》に入《い》れ、大邸宅《だいていたく》の最上階《さいじょうかい》にある娘《むすめ》の部屋《へや》に置《お》いた。

それから1年《ねん》ほど経《た》った頃《ころ》のことだ。屋《や》敷《しき》の召使《めしつか》いが、

「亡《な》くなったお嬢《じょう》さんの幽霊《ゆうれい》を見《み》た！」

と言《い》い出《だ》した。結局《けっきょく》、娘《むすめ》の骨《ほね》は別《べつ》の場所《ばしょ》

に埋葬《まいそう》されたが、それからというもの幽霊《ゆうれい》が目撃《もくげき》されるようになったという。

しかし、疑問《ぎもん》を投《な》げかける人《ひと》もいる。というのも、3人《にん》の息子《むすこ》には誰《だれ》も「娘《むすめ》はいなかったはずだ」というのだ。

それでも、屋敷《やしき》が美術館《びじゅつかん》になった今《いま》でも、女《おんな》の子《こ》の幽霊《ゆうれい》のウワサはある。

「アオザイを着《き》て、
廊下《ろうか》をさまよい歩《ある》く幽霊《ゆうれい》を見《み》た」
という観光客《かんこうきゃく》も少《すく》なくないそうだ。

生肉《なまにく》を食《た》べる、おばあさん

ベトナムには、本当《ほんとう》にあった話《はなし》だと言《い》われている、怖《こわ》い都市伝説《としでんせつ》がある。

昔《むかし》、ベトナムには冷蔵庫《れいぞうこ》を置《お》く家《いえ》があまりなかった。

そのため、ナマモノを保存《ほぞん》したいという時《とき》は、塩《しお》をふり、涼《すず》しい場所《ばしょ》に置《お》いておくという方法《ほうほう》がとられていた。

ある村《むら》に、夫婦《ふうふ》と赤《あか》ちゃんの3人家族《にんかぞく》がいた。

ある日《ひ》、妻《つま》は知人《ちじん》から大《おお》きな肉《にく》の塊《かたまり》をもらった。そこで、しっかりと塩《しお》をふり、棚《たな》の中《なか》に保存《ほぞん》しておくことにした。

さて翌朝《よくあさ》、料理《りょうり》をしようと棚《たな》を見《み》ると、肉《にく》の一部《いちぶ》がなくなっていた。

妻《つま》は、夫《おっと》に、

「棚《たな》の中《なか》のお肉《にく》を知《し》らない？」

と聞《き》いたが、夫《おっと》は、首《くび》を横《よこ》にふった。

そこで妻《つま》は、肉《にく》を別《べつ》の棚《たな》に移動《いどう》させた。

翌朝見《よくあさみ》ると、また一部《いちぶ》がなくなっていた。

やはり、夫《おっと》は知《し》らないという。

「絶対《ぜったい》、何《なに》かに食《た》べられている」

と思《おも》った妻《つま》は、その日《ひ》の夜《よる》、夫《おっと》に声《こえ》をかけ、二人《ふたり》で物陰《ものかげ》に隠《かく》れ、肉《にく》を監視《かんし》することにした。

✦肉《にく》ドロボウの恐《おそ》るべき犯人《はんにん》✦

夜《よる》の1時《じ》。思《おも》っていた通《とお》り、夫婦《ふうふ》の家《いえ》の塀《へい》を乗《の》り越《こ》えて、中庭《なかにわ》に入《はい》ってくる影《かげ》が現《あらわ》れた。

犯人《はんにん》はなんと、隣《となり》の家《いえ》の老婆《ろうば》だった。

妻《つま》が老婆《ろうば》をつかまえようと、中庭《なかにわ》に出《で》たが、老婆《ろうば》は肉《にく》を探《さが》し出《だ》すと、目《め》を見開《みひら》き、鋭《するど》い歯《は》で肉《にく》を食《く》いちぎり始《はじ》めた。

あまりの剣幕《けんまく》に、夫婦《ふうふ》で震《ふる》え上《あ》がり、その夜《よる》は老婆《ろうば》に見《み》つからないよう、家《いえ》の中《なか》に入《はい》った。

翌日《よくじつ》、夫婦《ふうふ》は、老婆《ろうば》の家《いえ》に出向《でむ》き、

「おたくのおばあさんが、うちの肉《にく》を…」

と、夜《よる》に起《お》きたことを話《はな》した。

しかし老婆《ろうば》の家族《かぞく》は、

「うちのおばあちゃんは、数日前《すうじつまえ》から病気《びょうき》で、そんなことができるわけがない」

と、夫婦《ふうふ》の言《い》うことを信《しん》じなかった。

✦老婆《ろうば》の恐《おそ》ろしい正体《しょうたい》✦

数日後《すうじつご》、夫婦《ふうふ》は仕事《しごと》で帰《かえ》りが深夜《しんや》になるため、ベビーシッターに赤《あか》ちゃんをお願《ねが》いし、外出《がいしゅつ》した。

その夜《よる》のことだ。午前《ごぜん》1時頃《じごろ》、赤《あか》ちゃんの部屋《へや》から大《おお》きな叫《さけ》び声《ごえ》が聞《き》こえてきた。

ベビーシッターと帰宅《きたく》したばかりの夫婦《ふうふ》は、あわてて赤《あか》ちゃんの部屋《へや》にかけこんだ。

「もしかして、新《あたら》しい肉《にく》を探《さが》して、あの老《ろう》婆《ば》が……」

不安《ふあん》は的中《てきちゅう》し、なんと部屋《へや》には赤《あか》ちゃんの腕《うで》にかぶりつく、老婆《ろうば》の姿《すがた》があった。

夫婦《ふうふ》は老婆《ろうば》を追《お》いかけた。騒《さわ》ぎを聞《き》きつけ目《め》を覚《さ》ました村人《むらびと》たちが加勢《かせい》してくれた。

老婆《ろうば》は廃屋《はいおく》の屋根《やね》の上《うえ》にいた。村人《むらびと》たちは建物《たてもの》を燃《も》やすことにした。

すると、老婆《ろうば》は悪魔《あくま》に変貌《へんぼう》し、屋根《やね》が崩《くず》れ落《お》ちるまで奇妙《きみょう》な笑《わら》い声《ごえ》をあげた。

翌日《よくじつ》、灰《はい》の中《なか》から見《み》つかったものは、人間《にんげん》のものとは思《おも》えないくらい、小《ちい》さな小《ちい》さな頭蓋骨《ずがいこつ》だった。

老婆《ろうば》の家族《かぞく》はすでに消《き》えていた。人々《ひとびと》がその夜《よる》に見《み》たのは、老婆《ろうば》の体《からだ》を引《ひ》き継《つ》いだ悪魔《あくま》だったのだ。

タイ

精霊信仰《せいれいしんこう》と民間信仰《みんかんしんこう》、そして仏教《ぶっきょう》の
結《むす》びつきが強《つよ》いタイの国民《こくみん》は、
悪霊《あくりょう》に対《たい》する恐怖心《きょうふしん》も強《つよ》いようだ。
そのため、迷信《めいしん》めいた怖《こわ》い話《はなし》も多《おお》い。

幽霊《ゆうれい》を祀《まつ》る寺院《じいん》

タイ王国《おうこく》の首都《しゅと》バンコクは、タイだけでなくインドシナ半島《はんとう》の経済《けいざい》の中心地《ちゅうしんち》だ。

そんなバンコクに、「メー・ナーク」という悪霊《あくりょう》を祀《まつ》る「マハーブット寺《でら》」というお寺《てら》がある。

祀《まつ》っているのは元々《もともと》悪霊《あくりょう》だが、今《いま》では「願《ねが》いごとを叶《かな》えてくれる寺《てら》」として有名《ゆうめい》だ。叶《かな》えてくれるお願《ねが》いは主《おも》に、「宝《たから》くじを当《あ》ててくれる」「病気《びょうき》を治《なお》してくれる」「幸運《こううん》を授《さず》けてくれる」といったもので、毎日多《まいにちおお》くの参拝客《さんぱいきゃく》でにぎわう。

さて、メー・ナークを訳《やく》すと、ナークお母《かあ》さん。地元《じもと》バンコクでは実在《じつざい》の人物《じんぶつ》だと信《しん》じられている。

✦夫《おっと》に会《あ》いたくて幽霊《ゆうれい》に✦

昔《むかし》、この地《ち》にナークという美《うつく》しい女性《じょせい》がいた。

年頃《としごろ》になり、ナークは結婚《けっこん》をした。夫《おっと》はやさしい人《ひと》で、ナークは幸《しあわ》せだった。

ほどなくして二人《ふたり》の間《あいだ》に、赤《あか》ちゃんができた。しかし、そんな幸《しあわ》せの絶頂《ぜっちょう》にいた時《とき》、戦争《せんそう》がおこった。

夫《おっと》は兵士《へいし》として、戦地《せんち》へ行《い》くことになり、二人《ふたり》は離《はな》ればなれになった。

その間《あいだ》に、ナークは出産《しゅっさん》を迎《むか》えた。しかし出産《しゅっさん》は失敗《しっぱい》し、ナークも赤《あか》ちゃんも死《し》んでしまった。

それからしばらくして、夫《おっと》が戦地《せんち》から帰《かえ》ってきた。

「おかえりなさい」

と、笑顔《えがお》で迎《むか》えるナークの幽霊《ゆうれい》は、生《い》きていた頃《ころ》とほとんど変《か》わらなかった。

ちなみに、

「ナークは死《し》んだよ」

と、夫《おっと》に伝《つた》えようとした村人《むらびと》は、ナークの幽霊《ゆうれい》によって殺《ころ》された。

そのため、夫《おっと》はナークが幽霊《ゆうれい》だということに気《き》がつかず、元《もと》のように愛情《あいじょう》に満《み》ちた生活《せいかつ》を送《おく》っていた。

しかし、ナークが昼食《ちゅうしょく》の準備《じゅんび》をしていた時《とき》のことだ。何《なに》かの拍子《ひょうし》にレモンを落《お》としてしまった。

ナークは慌《あわ》てて、レモンを拾《ひろ》おうと、生《い》きた人間《にんげん》ではあり得《え》ない長《なが》さまで手《て》を伸《の》ばした。その姿《すがた》を夫《おっと》は見《み》てしまった。

そこでようやく、夫《おっと》はナークが幽霊《ゆうれい》であることに気《き》づいた。

その夜《よる》、夫《おっと》は家《いえ》から逃《に》げ出《だ》し、寺院《じいん》に避《ひ》難《なん》した。

◆何度《なんど》も何度《なんど》も追《お》いかける！◆

夫《おっと》が逃《に》げたことに気付《きづ》いたナークは、哀《かな》しみ、怒《いか》り狂《くる》って追《お》いかけた。彼女《かのじょ》の追跡《ついせき》をジャマしようとした近所《きんじょ》の人々《ひとびと》は、彼女《かのじょ》の手《て》で何十人《なんじゅうにん》も殺《ころ》された。

寺院《じいん》の人々《ひとびと》は、必死《ひっし》にナークの攻撃《こうげき》をくいとめ、ツボの中《なか》に閉《と》じ込《こ》めることに成功《せいこう》した。ツボは、川《かわ》の底《そこ》へ沈《しず》められた。

その後数年間《ごすうねんかん》、村《むら》は平和《へいわ》であった。

しかし、そこでこの話《はなし》は終《お》わらなかった。数年後《すうねんご》、なんとこのツボを二人《ふたり》の漁師《りょうし》が引《ひ》き上《あ》げ、好奇心《こうきしん》にかられて開《あ》けてしまったのだ。

彼女《かのじょ》の霊《れい》は再《ふた》び、夫《おっと》へと襲《おそ》いかかった。

しかし、そこへ有名《ゆうめい》な僧侶《そうりょ》が立《た》ちはだかり、彼女《かのじょ》の霊《れい》をウエストバンドに縛《しば》りつけた。

ナークの霊《れい》が再《ふた》び解放《かいほう》されて害《がい》を及《およ》ぼさないよう、今《いま》、このウエストバンドは、タイの王族《おうぞく》が所持《しょじ》しているというウワサがあるが、消息《しょうそく》は不明《ふめい》だ。

幽霊《ゆうれい》の存在《そんざい》を信《しん》じる国《くに》

世界《せかい》には様々《さまざま》な言語《げんご》がある。共通《きょうつう》していえるのは、その国《くに》で大切《たいせつ》に考《かんが》えられている「モノ」ほど、たくさんの言葉《ことば》を持《も》つという点《てん》だ。

よく言《い》われるのが日本語《にほんご》の「雨《あめ》」にまつわる言葉《ことば》の多《おお》さだ。アラスカでは「雪《ゆき》」、モンゴルでは「馬《うま》」に関《かん》する言葉《ことば》が多《おお》いというが、タイでは「幽霊《ゆうれい》」がそれにあたるかもしれない。というのも、タイ人《じん》の多《おお》くは幽霊《ゆうれい》の存在《そんざい》を信《しん》じていて、文化《ぶんか》にも深《ふか》く根《ね》ざしているからだ。

✦結婚《けっこん》を断《ことわ》って殺《ころ》された王女《おうじょ》✦

クメールには、美《うつく》しい王女《おうじょ》がいた。王女《おうじょ》の国《くに》は戦争《せんそう》をしていて、負《ま》けると敵国《てきこく》の貴《き》族《ぞく》と結婚《けっこん》しなくてはならなかった。

しかし王女《おうじょ》は、自分《じぶん》の国《くに》の家臣《かしん》と恋《こい》に落《お》ちていたために、戦《いくさ》に負《ま》けてしまっても、敵国《てきこく》の貴族《きぞく》との結婚《けっこん》を拒否《きょひ》した。

すると、王女《おうじょ》と恋仲《こいなか》にあった家臣《かしん》は逮捕《たいほ》され、王女《おうじょ》は火《ひ》あぶりによる死刑《しけい》を宣告《せんこく》された。だが死刑《しけい》の直前《ちょくぜん》、王女《おうじょ》はクメールの魔術師《まじゅつし》に、

「火《ひ》に焼《や》かれても傷《きず》つかないような、魔法《まほう》の呪文《じゅもん》をかけて！」

と、お願《ねが》いをしておいた。

魔法《まほう》は効《き》いた。しかし、**一部分《いちぶぶん》だけ。**呪文《じゅもん》は全《すべ》てはうまく働《はたら》かず、なんと王女《おうじょ》の体《からだ》は、頭《あたま》と身体《からだ》の一部《いちぶ》を残《のこ》して燃《も》えてしまったのだ。

王女《おうじょ》は悪霊《あくりょう》ピー・グラスーとなり、今《いま》も、恨《うら》みをもってさまよっているのだという。

✦日常《にちじょう》に潜《ひそ》む様々《さまざま》な霊《れい》✦

ただ、悪《わる》い霊《れい》ばかりではない。

タイには、おもちゃのような小《ちい》さな家《いえ》を、庭《にわ》に置《お》く家《いえ》が多《おお》いが、これはいい霊《れい》を呼《よ》び寄《よ》せ、悪霊《あくりょう》を祓《はら》うための一種《いっしゅ》のまじないだ。

「スピリット・ツリー」と呼《よ》ばれ、神聖視《しんせいし》されている木《き》もある。タイでは布《ぬの》で包《つつ》まれた木《き》を目《め》にすることがあるが、これは、精《せい》霊《れい》がその木《き》に生息《せいそく》していることを意味《いみ》する。

もし、タイで布《ぬの》に包《つつ》まれた木《き》を見《み》たら、お願《ねが》いごとをしてみるのもいいかもしれない。

本当《ほんとう》にいた！

世界《せかい》の恐《おそ》ろしい人物伝《じんぶつでん》

世界各地《せかいかくち》に残《のこ》る、長《なが》い歴史《れきし》。
その中《なか》には、世《よ》にも恐《おそ》ろしい、実在《じつざい》の人物《じんぶつ》がいた!?
こんな人《ひと》が近《ちか》くにいたら…どうする？

最恐《さいきょう》の女帝《じょてい》 中国《ちゅうごく》

●則天武后《そくてんぶこう》

身分《みぶん》が低《ひく》いながらも皇后《こうごう》となり、690年《ねん》、中国史上唯一《ちゅうごくしじょうゆいいつ》の女帝《じょてい》となった女性《じょせい》。野心《やしん》が強《つよ》く、自分《じぶん》の子供《こども》を殺《ころ》してその罪《つみ》を当時《とうじ》の皇后《こうごう》になすりつけ、自《みずか》らが皇后《こうごう》になった。その後《ご》、他《ほか》の愛人《あいじん》たちの手足《てあし》を切断《せつだん》して殺《ころ》したり、気《き》に入《い》らないと親族《しんぞく》や息子《むすこ》まで殺《ころ》したという。なんともすさまじい女性《じょせい》だ。

残虐《ざんぎゃく》な皇帝《こうてい》 ロシア

●イヴァン4世《せい》

1947年《ねん》にロシア皇帝《こうてい》となる。処刑《しょけい》や拷問《ごうもん》を好《この》み、残虐《ざんぎゃく》で怒《おこ》りっぽい性格《せいかく》で、ロシア史上最悪《しじょうさいあく》の暴君《ぼうくん》といわれる。次々《つぎつぎ》に側近《そっきん》たちを追放《ついほう》し、裏切《うらぎ》り者《もの》だと疑《うたが》うと、罪《つみ》のないその家族《かぞく》や周辺《しゅうへん》の住人《じゅうにん》たちを処刑《しょけい》した。その数《かず》は1か月《げつ》で数《すう》万人《まんにん》。さらに、怒《いか》りにまかせ後継《こうけい》者《しゃ》である息子《むすこ》も殴《なぐ》り殺《ころ》したという。

最悪《さいあく》の連続殺人犯《れんぞくさつじんはん》 アメリカ

● エドワード・ゲイン

1957年《ねん》、エドワードは二人《ふたり》の女性《じょせい》を殺《ころ》した罪《つみ》で逮捕《たいほ》される。エドワードの家《いえ》を捜査《そうさ》すると、その異様《いよう》さに誰《だれ》もが絶句《ぜっく》したという。家《いえ》を埋《う》めつくしていたのは、人間《にんげん》の皮《かわ》や骨《ほね》、臓器《ぞうき》を使《つか》って作《つく》られた家具《かぐ》や食器《しょっき》、衣服《いふく》…。殺《ころ》した二人《ふたり》の女性《じょせい》だけではなく、墓場《はかば》からも死体《したい》を盗《ぬす》んでいたのだ。

逮捕《たいほ》後《ご》、エドワードが住《す》んでいた街《まち》の人《ひと》たちは、相次《あいつ》いで腹痛《ふくつう》を訴《うった》えたという。「鹿狩《しかが》りをして余《あま》ったから」と、たびたびエドワードから新鮮《しんせん》な肉《にく》をもらっていたことを思《おも》い出《だ》したからだとか…。

※この他《ほか》にも、怖《こわ》〜い歴史上《れきしじょう》の人物《じんぶつ》がいるよ。読《よ》んでみよう!

●**ドラキュラのモデル!**
串刺《くしざ》し公《こう》ヴラド3世《せい》→236ページ

●**血《ち》の風呂《ふろ》に入《はい》った伯爵夫人《はくしゃくふじん》**
エリザベート・バートリ→268ページ

伝説《でんせつ》?実在《じつざい》?食人鬼《しょくじんき》一族《いちぞく》がいた!?

1500年代《ねんだい》のスコットランドで、人間《にんげん》を食料《しょくりょう》にしていたという、ソニー・ビーン一族《いちぞく》。なんと、洞窟《どうくつ》で暮《く》らし、通《とお》りかかった旅人《たびびと》を殺《ころ》して生活《せいかつ》していたという。洞窟《どうくつ》の中《なか》で子《こ》供《ども》や孫《まご》が次々《つぎつぎ》に生《う》まれ、最終的《さいしゅうてき》には48人《にん》の大家族《だいかぞく》になっていたとか。その実態《じったい》は、今《いま》も謎《なぞ》に包《つつ》まれている…。

インド

世界《せかい》第《だい》2位《い》の人口《じんこう》を誇《ほこ》るインドは、「生《う》まれ変《か》わり」を説《と》くヒンズー教徒《きょうと》が80%《パーセント》を占《し》める。生《せい》と死《し》が身近《みぢか》なせいか、幽霊《ゆうれい》の存在《そんざい》も近《ちか》い。

政府《せいふ》が認《みと》める、立《た》ち入《い》り禁《きん》止《し》区《く》域《いき》

インドの北東《ほくとう》に位置《いち》するラジャスターン州《しゅう》に、バンガルという古《ふる》い遺跡《いせき》がある。16世紀《せいき》から400年間《ねんかん》も放置《ほうち》されていたため、今《いま》は寺院以外《じいんいがい》は何《なに》も残《のこ》らない廃墟《はいきょ》になっているが、かつては非常《ひじょう》に栄《さか》えた都市《とし》だった。

しかし、突然都市《とつぜんとし》は消《き》えてしまった。

それにはこんな伝説《でんせつ》がある。

✦魔術師《まじゅつし》の邪《よこしま》なたくらみ✦

このバンガルの地《ち》には、ラトナヴァリ王《おう》女《じょ》という大変美《たいへんうつく》しい王女《おうじょ》がいた。

幼《おさな》い頃《ころ》からプロポーズの申《もう》し出《で》はあったが、年頃《としごろ》になるとさらに近隣諸国《きんりんしょこく》の王子《おうじ》たちから熱烈《ねつれつ》に、

「結婚《けっこん》してほしい」

と、たくさんのアプローチを受《う》けるようになった。

その中《なか》に、シンシアという魔術師《まじゅつし》がいた。勝《か》ち目《め》がないと思《おも》った彼《かれ》は、自分《じぶん》の魔法《まほう》の力《ちから》を使《つか》って、王女《おうじょ》を誘惑《ゆうわく》しようとたくらんだ。

魔術師《まじゅつし》は、特別《とくべつ》な香《かお》りのするオイルを作《つく》ったのだ。なんと、このオイルを使《つか》った者《もの》は、**魔術師《まじゅつし》に恋《こい》をしてしまう**というものだ。

魔術師《まじゅつし》は王女《おうじょ》のメイドを市場《いちば》で見《み》かけ、こっそり魔法《まほう》のオイルとすり替《か》えた。

しかし、そのたくらみに王妃《おうひ》が気付《きづ》いた。

そこで王女《おうじょ》に、

「そのオイルを使《つか》ってはいけません」

と、忠告《ちゅうこく》した。驚《おどろ》いた王女《おうじょ》は、オイルのビンを岩《いわ》に投《な》げつけた。

ビンは岩《いわ》の上《うえ》で割《わ》れた。

すると、岩《いわ》は魔術師《まじゅつし》のほうに転《ころ》がり始《はじ》め、魔術師《まじゅつし》を押《お》しつぶしてしまった。

死《し》の直前《ちょくぜん》、魔術師《まじゅつし》は、

「今後《こんご》、誰《だれ》もバンガルの地《ち》に住《す》めないようにしてやる」


という魔法《まほう》をかけた。

その翌年《よくとし》、バンガルは戦場《せんじょう》になり、街《まち》の全《すべ》てが破壊《はかい》され、王国《おうこく》も滅亡《めつぼう》してしまったのだという。

✦そして、幽霊《ゆうれい》の住《す》む街《まち》に✦

そのためこの地《ち》は、昼間《ひるま》は観光《かんこう》を楽《たの》しむことができるが、日没後《にちぼつご》から日《ひ》の出前《でまえ》までは立《た》ち入《い》りが禁止《きんし》されている。

というのも、「幽霊《ゆうれい》が出《で》る」というウワサがあるのだ。

地元《じもと》の人々《ひとびと》は、女性《じょせい》が泣《な》き叫《さけ》ぶ声《こえ》や、この地《ち》から奇妙《きみょう》な音楽《おんがく》や、破壊音《はかいおん》を聞《き》いたと主張《しゅちょう》する。

また、幽霊《ゆうれい》のような影《かげ》や不可解《ふかかい》な光《ひかり》とともに、奇妙《きみょう》な香水《こうすい》のような匂《にお》いもしたとウワサする。

「目《め》に見《み》えない存在《そんざい》に追《お》いかけられた」

「暗《くら》くなる前《まえ》に帰《かえ》ろうとすると、背後《はいご》から見《み》えない何《なに》かに叩《たた》かれた」

と話《はな》す人《ひと》もいる。


そして、日没後《にちぼつご》にバンガルに人《ひと》が入《はい》ると、そこから出《で》ることはできないともウワサされている。

暗《くら》くなるとバンガルへの門《もん》が閉《と》じられてしまうのだが、入場《にゅうじょう》が禁《きん》じられるのはそのためだという。

政府《せいふ》は正門《せいもん》に、

「日《ひ》の出前《でまえ》、および日没後《にちぼつご》に要塞《ようさい》を訪《おとず》れることを厳《きび》しく禁止《きんし》する。規則《きそく》に違反《いはん》した場《ば》合《あい》は法的措置《ほうてきそち》を講《こう》じる」

という掲示板《けいじばん》を置《お》き、警告《けいこく》している。

バンガルの遺跡《いせき》

幽霊《ゆうれい》が出《で》る、美《うつく》しい浜《はま》

インドの西《にし》の端《はし》にある、デュマス・ビーチは、インドでも屈指《くっし》の美《うつく》しい浜《はま》として有名《ゆうめい》だ。

インド国内《こくない》はもちろん、近隣《きんりん》の国《くに》からも海水浴目当《かいすいよくめあ》てにやってくる人《ひと》は多《おお》い。

しかし、そんな美《うつく》しい浜《はま》にもやはり、**幽霊《ゆうれい》が出《で》る**というウワサがある。

というのは、このビーチのすぐ側《そば》に、ヒンズー教徒《きょうと》の**火葬場《かそうば》**があるからだ。

インドにはヒンズー教徒《きょうと》が多《おお》いが、その大半《たいはん》は、亡《な》くなると火葬《かそう》される。身体《からだ》を灰《はい》にすることによって、より早《はや》く、穏《おだ》やかに死者《ししゃ》を霊的《れいてき》な存在《そんざい》に変《か》えられると信《しん》じられているからだ。

しかし……。

焼却《しょうきゃく》された死者《ししゃ》の亡《な》きがらの一部《いちぶ》、つまり灰《はい》は、どうしても海《うみ》へ、そしてビーチへと散《ち》らばる。

デュマス・ビーチの砂《すな》は黒《くろ》いことで知《し》られるが、

「埋葬《まいそう》された人々《ひとびと》の痕跡《こんせき》だ」

というウワサもある。

とはいえ、美《うつく》しい浜《はま》だ。日中《にっちゅう》は、他《ほか》のビーチと同《おな》じく、大勢《おおぜい》の観光客《かんこうきゃく》が太陽《たいよう》の下《もと》、海《うみ》の水《みず》につかってはしゃぎ、リラックスしている。

✦夜《よ》な夜《よ》な聞《き》かれる、幽霊《ゆうれい》たちの声《こえ》✦

しかし、夜《よる》になるとビーチの雰囲気《ふんいき》は一変《いっぺん》する。

デュマスの人《ひと》たちは、夜《よる》になると決《けっ》して浜辺《はまべ》へ出《で》ない。

浜辺《はまべ》から、哀《かな》しげな叫《さけ》び声《ごえ》が聞《き》こえてくるからだ。叫《さけ》び声《ごえ》は時《とき》として、人《ひと》の名前《なまえ》も呼《よ》ぶ。

うっかり声《こえ》に返事《へんじ》をしたりすると、

「幽霊《ゆうれい》に海《うみ》にひきずり込《こ》まれてしまう」

と言《い》われている。声《こえ》から逃《のが》れる手《て》だては一《ひと》つだけ、逃《に》げることだ。

夜《よる》になると、近隣《きんりん》のペットの犬《いぬ》が誰《だれ》もいない浜辺《はまべ》に向《む》かって吠《ほ》える。そんな時《とき》、住《じゅう》民《みん》たちは、

「きっと、犬《いぬ》には見《み》えるんだ」

と、ウワサし合《あ》う。

もちろん、幽霊《ゆうれい》の目撃談《もくげきだん》もある。地元《じもと》の人《ひと》からそんな話《はなし》を聞《き》かされ、

「幽霊《ゆうれい》なんていないよ」

と、バカにしていた観光客《かんこうきゃく》も、

「浜辺《はまべ》で、奇妙《きみょう》な騒音《そうおん》を聞《き》いた」

「白《しろ》い光《ひかり》が波打《なみう》ち際《ぎわ》をさまよっていた」

と、逃《に》げ帰《かえ》る。その程度《ていど》ならまだいい。

真夜中《まよなか》のビーチ散策《さんさく》に出《で》かけたまま、行方不明《ゆくえふめい》になるケースもあるという。

昼間《ひるま》だからといって、気《き》を抜《ぬ》いてはいけない。

デュマス・ビーチでは、よく「人《ひと》が溺《おぼ》れた」という報告《ほうこく》があるが、何人《なんにん》かは、「海中《かいちゅう》から腕《うで》のようなものに、足《あし》をひっぱられた」

と、恐怖《きょうふ》の体験《たいけん》を語《かた》るからだ。

またビーチで、写真《しゃしん》を撮《と》ろうとすると、カメラやビデオカメラが誤作動《ごさどう》を起《お》こすことも少《すく》なくないという。

そして、突然《とつぜん》、**何**《なに》**かが腐敗**《ふはい》**したような奇**《き》**妙**《みょう》**な臭**《にお》**い**が漂《ただよ》うこともあるのだという。

映画《えいが》スタジオの怨霊《おんりょう》

インドは映画大国《えいがたいこく》としても有名《ゆうめい》だ。「ボリウッド映画《えいが》」として、世界中《せかいじゅう》から愛《あい》されていて、一年《いちねん》になんと1000本以上《ぼんいじょう》も作《つく》られている。その本数《ほんすう》はハリウッド映《えい》画《が》を軽《かる》く、倍《ばい》は超《こ》えるという。

もちろん、国内《こくない》には多《おお》くの映画《えいが》スタジオや撮影場所《さつえいばしょ》があるのだが、そのうちの一《ひと》つがムンバイにある。

その名《な》も「ムケシュ・ミル」。この撮影《さつえい》場所《ばしょ》には『幽霊《ゆうれい》が出《で》る』というウワサがある。

✦工場火災《こうじょうかさい》が、幽霊出現《ゆうれいしゅつげん》の原因《げんいん》？✦

1870年代《ねんだい》ごろ、この地《ち》には、海外《かいがい》に輸出《ゆしゅつ》する綿《めん》や糸《いと》を積《つ》み降《お》ろしする工場《こうじょう》が建《た》てられていた。しかし1982年《ねん》に、ストライキで工場《こうじょう》は閉鎖《へいさ》。その後《ご》しばらくして火災《かさい》が発生《はっせい》し、全《すべ》て焼《や》け落《お》ちてしまった。

実《じつ》はこの場所《ばしょ》は、ギャングの隠《かく》れ家《が》にもなっていた。多《おお》くの人々《ひとびと》が殺《ころ》され、海《うみ》に投《な》げ捨《す》てられたというウワサもある。

映画《えいが》スタジオ「ムケシュ・ミル」が建《た》てられたのは、まさにこの跡地《あとち》だったのだ！

ムケシュ・ミルは、人気《にんき》の撮影場所《さつえいばしょ》となり、映画《えいが》やテレビシリーズ、コマーシャル撮影《さつえい》に使用《しよう》されたが、すぐに幽霊《ゆうれい》のウワサが立《た》ち始《はじ》めた。

女《おんな》の子《こ》の幽霊《ゆうれい》を見《み》たり、迷《まよ》うはずのない場所《ばしょ》で迷子《まいご》になったり、誰《だれ》もいないはずの場所《ばしょ》から、声《こえ》が聞《き》こえてきたというスタッフが何人《なんにん》もいる。

ある女優《じょゆう》は、ある場所《ばしょ》で撮影中《さつえいちゅう》に、セリフをきちんと言《い》っているのに、なぜか周《まわ》りに全《まった》く声《こえ》を聞《き》き取《と》ってもらえず、別《べつ》の場所《ばしょ》に移動《いどう》すると、すぐに声《こえ》が通《つう》じたという。

ちなみに、この地《ち》の周辺《しゅうへん》に住《す》む人々《ひとびと》も、「ミル内《ない》で不思議《ふしぎ》な影《かげ》を見《み》た」「奇妙《きみょう》なささやき声《ごえ》を聞《き》いた」と、語《かた》っているという。また、このエリアを通過《つうか》する時《とき》、監視《かんし》されているように感《かん》じたという人《ひと》もいる。

そのため、ムケシュ・ミルの経営者《けいえいしゃ》は、午後《ごご》9時以降《じいこう》の撮影《さつえい》はもちろん、立《た》ち入《い》りも厳《きび》しく禁《きん》じている。特別《とくべつ》な許可《きょか》が降《お》りることもあるが、その時《とき》は、「何《なに》があっても、自己責任《じこせきにん》で」と言《い》われるのだそうだ。

イギリス

心霊大国《しんれいたいこく》と呼《よ》ばれるだけあって、
イギリスには、幽霊《ゆうれい》を信《しん》じる人《ひと》が多《おお》い。
ただ、怖《こわ》がられているだけではない。幽霊物件《ゆうれいぶっけん》は
高値《たかね》がつくほどで、愛《あい》される存在《そんざい》でもある。

手《て》をなめたのは……

イギリス人作家《じんさっか》の小説《しょうせつ》がきっかけになり、世界的《せかいてき》な「都市伝説《としでんせつ》」として知《し》られるようになった話《はなし》がある。

夜《よる》、両親《りょうしん》が出《で》かけてしまうということで、ある女《おんな》の子《こ》が、ペットの大型犬《おおがたけん》と初《はじ》めて留《る》守番《すばん》をすることになった。

女《おんな》の子《こ》はテレビを見《み》て過《す》ごしていたが、流《なが》れていたニュースで、殺人犯《さつじんはん》が近《ちか》くをうろついていることを知《し》った。怖《こわ》くなった女《おんな》

の子《こ》は、家《いえ》の全《すべ》ての窓《まど》やドアに鍵《かぎ》をかけ、ペットの犬《いぬ》を自分《じぶん》の部屋《へや》に入《い》れると、早々《そうそう》にベッドにもぐりこんだ。

✦奇妙《きみょう》な水《みず》の音《おと》✦

「ピチョン、ピチョン」

真夜中《まよなか》、女《おんな》の子《こ》はバスルームから聞《き》こえる、水《みず》の音《おと》で目《め》を覚《さ》ました。

「あれ？　蛇口《じゃぐち》、しめてなかったっけ？」

と、気《き》にはなったが、両親《りょうしん》がいないことを考《かんが》えると、ベッドから出《で》て、蛇口《じゃぐち》をしめにいくのは怖《こわ》かった。

「どうしよう」

と、ベッドの下《した》で寝《ね》ているであろう犬《いぬ》をなでようと手《て》を伸《の》ばすと、犬《いぬ》は女《おんな》の子《こ》の手《て》をぺろぺろとなめてくれた。

女《おんな》の子《こ》は少《すこ》しホッとして、再《ふたた》び寝《ね》ようとした。しかし、なかなか眠《ねむ》れない。うとうとはしかけるものの、

「ピチョン、ピチョン」

という音《おと》が耳《みみ》につく。

目《め》が覚《さ》める度《たび》、女《おんな》の子《こ》はベッドの下《した》に手《て》を伸《の》ばし、犬《いぬ》に手《て》をなめてもらい……とくり返《かえ》すうちに、眠《ねむ》ってしまった。

✦恐《おそ》ろしすぎる、音《おと》の正体《しょうたい》✦

さて、翌朝《よくあさ》、目《め》を覚《さ》ました女《おんな》の子《こ》は日《ひ》の光《ひかり》にホッとしつつ、

「喉《のど》がかわいた」

と、バスルームに向《む》かった。

バスルームのドアをあけて、女《おんな》の子《こ》は絶叫《ぜっきょう》した。なんと、ベッドの下《した》にいたはずの犬《いぬ》が切《き》り裂《さ》かれ、シャワーにぶら下《さ》げられていたからだ。

タイルの上《うえ》には、

「ピチョン、ピチョン」

と、大量《たいりょう》の血《ち》がしたたりおちていた。

鏡《かがみ》を見《み》ると、犬《いぬ》の血《ち》で書《か》かれたであろうメッセージが残《のこ》されていた。

「人間《にんげん》だって、上手《じょうず》に手《て》をなめることができるんだぜ」

女《おんな》の子《こ》の手《て》を一晩中《ひとばんじゅう》なめ続《つづ》けていたのは、この場所《ばしょ》で女《おんな》の子《こ》の愛犬《あいけん》を殺《ころ》した殺人《さつじん》犯《はん》だったのだ！

ぼうぜんとしていると、鏡《かがみ》の中《なか》に誰《だれ》かが映《うつ》り込《こ》んだ。

女《おんな》の子《こ》は鏡《かがみ》ごしに、自分《じぶん》の後《うし》ろに立《た》つ、**殺人犯《さつじんはん》の姿《すがた》を見《み》た。**

科学的《かがくてき》に証明《しょうめい》された、幽霊《ゆうれい》の城《しろ》

イギリスの北側《きたがわ》、スコットランドのエディンバラの街《まち》のシンボル的存在《てきそんざい》といえば、「エディンバラ城《じょう》」だ。

街《まち》を見下《みお》ろす丘《おか》の上《うえ》に位置《いち》し、古代《こだい》から要塞《ようさい》として、2000年以上《ねんいじょう》もの間《あいだ》、エディンバラを守《まも》り続《つづ》けてきた。

数々《かずかず》の歴史的《れきしてき》な紛争《ふんそう》や戦争《せんそう》に巻《ま》き込《こ》まれた結果《けっか》、血塗《ちぬ》られたエピソードや、幽霊《ゆうれい》のウワサも多《おお》い。

最《もっと》も「出《で》る」と言《い》われているのが、エディ

エディンバラ城《じょう》

ンバラ城《じょう》の奥深《おくふか》い場所《ばしょ》にある、地下牢《ちかろう》だ。

この中《なか》には、常《つね》に多《おお》くの囚人《しゅうじん》が入《い》れられ、拷問《ごうもん》によって死《し》ぬ人《ひと》も多《おお》かった。そのため、

「囚人《しゅうじん》の幽霊《ゆうれい》がつまっている」

と言《い》われている。

今《いま》でも夜《よる》、この場所《ばしょ》で写真《しゃしん》を撮《と》ると謎《なぞ》の光《ひかり》が写《うつ》るという。

また、誰《だれ》もいないはずの場所《ばしょ》から、ドアをノックする音《おと》が聞《き》こえてくることもあるのだそうだ。

他《ほか》にもバグパイプを演奏《えんそう》する幽霊《ゆうれい》や、敷《しき》地内《ちない》の墓地《ぼち》をさまよい歩《ある》く犬《いぬ》の幽霊《ゆうれい》など、さまざまな幽霊《ゆうれい》のウワサがある。

✦研究者《けんきゅうしゃ》も驚《おどろ》いた心霊現象《しんれいげんしょう》の数々《かずかず》✦

エディンバラ城《じょう》にはあまりにも幽霊《ゆうれい》のウワサが多《おお》いので、２００１年《ねん》、科学《かがく》のメスが入《はい》っている。

イングランド南東部《なんとうぶ》のハートフォードシャー大学《だいがく》の心理学者《しんりがくしゃ》、ワイズマン博士《はかせ》が、２４０人《にん》のボランティアとともに、10日《か》をかけてエディンバラの幽霊《ゆうれい》の研究《けんきゅう》を行《おこな》ったのだ。

ボランティアは世界各地《せかいかくち》から、エディンバラ城《じょう》に幽霊《ゆうれい》が出《で》ることを知《し》らない人《ひと》だけが集《あつ》められた。ワイズマン博士《はかせ》も幽霊《ゆうれい》の存《そん》在《ざい》を信《しん》じていなかった。

しかし結果《けっか》は、いくつもの不可思議《ふかしぎ》な現《げん》象《しょう》が報告《ほうこく》されたのだそうだ。

内容《ないよう》をまとめると、

●ある場所《ばしょ》に来《く》ると、温度《おんど》が急激《きゅうげき》に低下《ていか》するのを感《かん》じた。

●誰《だれ》もいない場所《ばしょ》で人影《ひとかげ》のようなものを見《み》た。

●ある場所《ばしょ》に来《く》ると、腕《うで》がつかまれたように急激《きゅうげき》に熱《あつ》くなった。

●目《め》に見《み》えない何《なに》かが、顔《かお》に触《ふ》れた。

●周《まわ》りに何《なに》もないのに、服《ふく》が引《ひ》っ張《ぱ》られる感《かん》じがした。

そのどれもが、「幽霊《ゆうれい》が出《で》るというウワサがある場所《ばしょ》」で起《お》こったという。

また、そのままズバリ、「革《かわ》のエプロンを着《き》た幽霊《ゆうれい》を見《み》た」というボランティアからの報告《ほうこく》もあった。「幽霊《ゆうれい》が出《で》ると言《い》われている場所《ばしょ》に、一晩《ひとばん》泊《と》まってもらう」という実験《じっけん》では、

「部屋《へや》のすみから、息《いき》づかいが聞《き》こえてきた。フラッシュのような光《ひかり》も見《み》た」

などと語《かた》られたそうだ。

さすがに、幽霊《ゆうれい》の存在《そんざい》を信《しん》じていなかったワイズマン博士《はかせ》も、

「予想《よそう》していた以上《いじょう》の結果《けっか》だった」

と語《かた》ったという。

今《いま》でも、エディンバラ城《じょう》では、幽霊《ゆうれい》のウワサが更新《こうしん》され続《つづ》けている。

お化《ば》けの出《で》る高速道路《こうそくどうろ》

スコットランド南部《なんぶ》にある、グレトナ・グリーンという町《まち》から西《にし》に向《む》かってA《エー》75と呼《よ》ばれる高速道路《こうそくどうろ》が走《はし》っている。

この道路《どうろ》、スコットランドで一番有名《いちばんゆうめい》な道路《どうろ》として知《し》られている。

というのも50年以上《ねんいじょう》にわたって、幽霊《ゆうれい》の姿《すがた》が目撃《もくげき》されている、「最《もっと》も幽霊《ゆうれい》の多《おお》い道路《どうろ》」だからだ。

幽霊《ゆうれい》のバリエーションは様々《さまざま》で、悲鳴《ひめい》を上《あ》げる幻影《げんえい》や、パレードをするようにうごめく幽霊《ゆうれい》たち、カップルの幽霊《ゆうれい》、猫《ねこ》、犬《いぬ》、鳥《とり》などの動物《どうぶつ》の霊《れい》、車《くるま》に向《む》かってくる巨大《きょだい》な影《かげ》、さらにUFO《ユーフォー》まで目撃《もくげき》されているという。

◆次《つぎ》から次《つぎ》へと続《つづ》く恐怖《きょうふ》◆

1962年《ねん》の、こんな目撃情報《もくげきじょうほう》が残《のこ》っている。

ある真夜中《まよなか》、二人《ふたり》が乗《の》ったトラックがA《エー》

75を走《はし》っていたところ、車《くるま》のフロントガラスに巨大《きょだい》な鳥《とり》が突《つ》っ込《こ》んできた。

「あ、フロントガラスが割《わ》れる」

と思《おも》った瞬間《しゅんかん》、鳥《とり》はスッと消《き》えた。

ホッとしたのもつかの間《ま》、気付《きづ》くと老婆《ろうば》が車《くるま》の右側《みぎがわ》を走《はし》っていて、必死《ひっし》に手《て》を振《ふ》ってきた。

「鳥《とり》を追《お》いかけて走《はし》ってきたのかな。でも、こんな時間《じかん》に？」

と、思《おも》った瞬間《しゅんかん》、老婆《ろうば》は消《き》えた。そして、続々《ぞくぞく》と動物《どうぶつ》が現《あらわ》れては消《き》えた。

気味《きみ》の悪《わる》い光景《こうけい》が続《つづ》いたため、ひと息《いき》つこうと、二人《ふたり》は車《くるま》を止《と》めた。

するど、車《くるま》はゆっくり前後《ぜんご》に揺《ゆ》れ始《はじ》めた。

そして、二人《ふたり》は暗闇《くらやみ》の中《なか》から彼《かれ》らを見下《みお》ろす巨大《きょだい》な怪物《かいぶつ》の姿《すがた》を目撃《もくげき》した。

そして、それも消《き》えたという。

世界一《せかいいち》の心霊大国《しんれいたいこく》!?

イギリスの幽霊《ゆうれい》にせまる!

ユーラシア大陸《たいりく》の西側《にしがわ》に浮《う》かぶ島国《しまぐに》、イギリス。その昔《むかし》、貴族《きぞく》たちの間《あいだ》では霊《れい》を呼《よ》ぶ降霊会《こうれいかい》があったり、現代《げんだい》でもゴーストツアーがあったりするよ。そんなイギリスの幽霊事情《ゆうれいじじょう》にせまってみよう!

世界《せかい》で最《もっと》も恐《おそ》ろしい塔《とう》!

首都《しゅと》ロンドンで最《もっと》も幽霊《ゆうれい》が「出《で》る」といわれているのが、ロンドン塔《とう》だ。王宮《おうきゅう》であるのと同時《どうじ》に、監獄《かんごく》・処刑場《しょけいじょう》でもあった。処刑《しょけい》されたのは王室関係者《おうしつかんけいしゃ》ばかりで、ほとんどが無実《むじつ》の罪《つみ》。そのため、数多《かずおお》くの無念《むねん》の霊《れい》たちが、今《いま》も塔《とう》の中《なか》をさまよっているのだそうだ。警備員《けいびいん》は夜《よる》、しばしば不《ぶ》気味《きみ》な出来事《できごと》に出会《であ》うのだとか。

ロンドン塔《とう》

吸血鬼《きゅうけつき》の出《で》る墓地《ぼち》

ロンドンにあるハイゲイト墓地《ぼち》では、1970年代《ねんだい》に「吸血鬼《きゅうけつき》が現《あらわ》れる」というウワサが流《なが》れた。「背《せ》の高《たか》い帽子《ぼうし》をかぶった男《おとこ》が散歩《さんぽ》をしていた」「男《おとこ》はふわふわと浮《う》いていた」「吸血鬼《きゅうけつき》にかまれた女《おんな》の子《こ》を目撃《もくげき》した」と言《い》われ、「吸血鬼《きゅうけつき》を退治《たいじ》する」と死体《したい》を掘《ほ》り起《お》こし、首《くび》を切《き》る人《ひと》もいたという。現在《げんざい》は、入場制限《にゅうじょうせいげん》があるそうだ。

郵便はがき

おそれいりますが切手をおはりください。

101-0062

〈受取人〉

東京都千代田区神田駿河台2－5

株式会社 理論社

読者カード係 行

お名前（フリガナ）

ご住所 〒　　　　　　　　　　TEL

e-mail

書籍はお近くの書店様にご注文ください。または、理論社営業局にお電話ください。

代表・営業局：tel 03-6264-8890　fax 03-6264-8892

理論社

https://www.rironsha.com

ご愛読ありがとうございます

読 者 カ ー ド

●ご意見、ご感想、イラスト等、ご自由にお書きください。

●お読みいただいた本のタイトル

●この本をどこでお知りになりましたか？

●この本をどこの書店でお買い求めになりましたか？

●この本をお買い求めになった理由を教えて下さい

●年齢　　　歳　　　　●性別　男・女

●ご職業　1. 学生（大・高・中・小・その他）　2. 会社員　3. 公務員　4. 教員
5. 会社経営　6. 自営業　7. 主婦　8. その他（　　　　）

●ご感想を広告等、書籍のＰＲに使わせていただいてもよろしいでしょうか？
（実名で可・匿名で可・不可）

ご協力ありがとうございました。今後の参考にさせていただきます。

ご記入いただいた個人情報は、お問い合わせへのご返事、新刊のご案内送付等以外の目的には使用いたしません。

古来《こらい》の霊《れい》が憑《つ》く海《うみ》の城《しろ》

ドーバー海峡《かいきょう》にある、「ドーバー城《じょう》」は、11世紀《せいき》（日本《にっぽん》では平安時《へいあんじ》代《だい》）にできた古《ふる》いお城《しろ》だ。ここで行《おこな》われている「ゴーストツアー」に参加《さんか》すると、必《かなら》ず幽霊《ゆうれい》にまつわる現象《げんしょう》を体験《たいけん》するのだという。大《おお》勢《ぜい》の人《ひと》に目撃《もくげき》されている幽霊《ゆうれい》もいて、王様《おうさま》の寝室《しんしつ》のあたりでは、体《からだ》の下半分《したはんぶん》だけの男性《だんせい》の幽霊《ゆうれい》がさまよっているのだそうだ。

世界《せかい》で最《もっと》も霊《れい》が出《で》る城《しろ》

ノーサンバーランド州《しゅう》の北部《ほくぶ》にあるチリンガム城《じょう》も古《ふる》いお城《しろ》だ。牢屋《ろうや》や拷問室《ごうもんしつ》があり、さまざまな幽霊《ゆうれい》たちが現《あらわ》れるのだという。ピンクの寝室《しんしつ》には男《おとこ》の子《こ》の幽霊《ゆうれい》が現《あらわ》れる。20世紀初頭《せいきしょとう》、改装工事《かいそうこうじ》の時《とき》に男《おとこ》の子《こ》のものらしき骨《ほね》を包《つつ》んだ、青《あお》い織物《おりもの》が発見《はっけん》された。周《まわ》りには、壁《かべ》から出《で》ようと、指《ゆび》で引《ひ》っかいたような跡《あと》があったそうだ。

まだまだいるよ！イギリスの幽霊《ゆうれい》たち

これまでに紹介《しょうかい》した以外《いがい》にも、イギリスには数多《かずおお》くのお城《しろ》がある。「古《ふる》い城《しろ》には必《かなら》ず1体《たい》は幽霊《ゆうれい》がいる」と言《い》われ、たくさんの幽霊城《ゆうれいじょう》が存在《そんざい》する。中《なか》でも、アンガス州にあるグラームス城《じょう》は圧巻《あっかん》で、なんと20体《たい》もの幽《ゆう》霊《れい》がうごめいていると言《い》われており、秘密《ひみつ》の部屋《へや》も点在《てんざい》するのだとか。

グラームス城《じょう》

アイルランド

世界《せかい》の中《なか》でも、最《もっと》もケルトの文化《ぶんか》を
継承《けいしょう》し続《つづ》けているのがアイルランド。
島《しま》の各地《かくち》には妖精伝説《ようせいでんせつ》が当《あた》り前《まえ》のように
存在《そんざい》し人々《ひとびと》の生活《せいかつ》の中《なか》にも息《いき》づいている。

女吸血鬼《おんなきゅうけつき》、デアルグ・デュ

アイルランドには、「デアルグ・デュ」と呼《よ》ばれる女性《じょせい》の吸血鬼《きゅうけつき》がいる。伝説《でんせつ》は2000年前《ねんまえ》にさかのぼる。

ある村《むら》に大変美《たいへんうつく》しい女性《じょせい》がいた。彼女《かのじょ》は村《むら》の男性《だんせい》と恋《こい》に落《お》ちた。しかし、家《いえ》が大変貧《たいへんまず》しく、父親《ちちおや》が勝手《かって》にお金持《かねも》ちと結婚《けっこん》の約束《やくそく》をとり決《き》めてしまった。

女性《じょせい》はお金持《かねも》ちと泣《な》く泣《な》く結婚《けっこん》した。しかしお金持《かねも》ちにとって、女性《じょせい》は単《たん》なる

「飾《かざ》り」でしかなく、彼女《かのじょ》はつらい日々《ひび》を送《おく》ることとなり、次第《しだい》にやせ細《ほそ》り、死《し》んでしまい、さっさとお墓《はか》に埋《う》められた。

お葬式《そうしき》で、お金持《かねも》ちはすでに、新《あたら》しい妻《つま》を連《つ》れていた。

強《つよ》い恨《うら》みを抱《だ》いたまま死《し》んだ女性《じょせい》は、お墓《はか》に埋《う》められた夜《よる》、墓場《はかば》からよみがえり、自分《じぶん》の家《いえ》に向《む》かった。そして、眠《ねむ》っている父親《ちちおや》の血《ち》を吸《す》いつくした。

さらに、かつての夫《おっと》の元《もと》へ行《い》き、死《し》ぬまで血《ち》を吸《す》った。女吸血鬼《おんなきゅうけつき》「デアルグ・デュ」の誕生《たんじょう》である。

血《ち》に飢《う》えた悪魔《あくま》となった女性《じょせい》は、若《わか》い男性《だんせい》や子《こ》どもを見《み》ると、無差別《むさべつ》に血《ち》を吸《す》うようになった。

ちなみに、デアルグ・デュから逃《のが》れるには、彼女《かのじょ》が埋葬《まいそう》された日《ひ》にお墓《はか》の上《うえ》に石《いし》を積《つ》み重《かさ》ねるといいと言《い》われている。そうすると少《すく》なくとも翌年《よくとし》まで、現《あらわ》れることはないのだそうだ。

「妖精発祥《ようせいはっしょう》の地《ち》」と言《い》われるアイルランドには、「妖精横断中《ようせいおうだんちゅう》」と書《か》かれた道路標識《どうろひょうしき》があることでも有名《ゆうめい》。

マラハイド城《じょう》の個性的《こせいてき》な幽霊《ゆうれい》たち

アイルランド東部《とうぶ》にある、首都《しゅと》ダブリンから約《やく》13キロメートル北《きた》へ行《い》くと、マラハイドという港町《みなとまち》が見《み》えてくる。

この街《まち》を見守《みまも》るようにそびえるのが、マラハイド城《じょう》だ。

建《た》てられたのは、1185年《ねん》。イングランド王《おう》ヘンリー2世《せい》が、騎士《きし》タルボットにプレゼントした土地《とち》で、アイルランドで最《もっと》も古《ふる》い城《しろ》でもある。

当然《とうぜん》「幽霊《ゆうれい》が出《で》る」というウワサもあり、少《すく》なくとも5体《たい》は存在《そんざい》するという。

✦ウォルター・ハッセー卿《きょう》の幽霊《ゆうれい》✦

戦争《せんそう》のため、マラハイド城《じょう》に送《おく》られたウォルター・ハッセー卿《きょう》は、城《しろ》で一人《ひとり》の女性《じょせい》と恋《こい》に落《お》ちた。

ハッセー卿《きょう》はマラハイド城《じょう》で結婚式《けっこんしき》を挙《あ》げることになったが、式《しき》のその日《ひ》、恨《うら》みを持《も》つライバルに槍《やり》で殺《ころ》された。

悲劇《ひげき》はこの先《さき》だ。なんと、ハッセー卿《きょう》の花《はな》嫁《よめ》がハッセー卿《きょう》を殺《ころ》したライバルと結婚《けっこん》してしまったのだ。

ハッセー卿《きょう》の霊《れい》が城《しろ》に現《あらわ》れるようになったのはそれからだ。

ハッセー卿《きょう》の幽霊《ゆうれい》は自分《じぶん》の体《からだ》の槍《やり》の傷《きず》をゆび指《さ》し、叫《さけ》び声《ごえ》をあげるという。

✦ホワイトレディーの幽霊《ゆうれい》✦

白《しろ》いドレスを着《き》た美《うつく》しい女性《じょせい》の幽霊《ゆうれい》。城《しろ》の大《だい》ホールに飾《かざ》られた絵画《かいが》の中《なか》から現《あらわ》れ、城《しろ》の中《なか》をさまよう姿《すがた》が多《おお》くの人《ひと》に目撃《もくげき》されている。

絵《え》を描《か》いたのは無名《むめい》のアーティストで、モデルも不明《ふめい》だ。

そのため、なぜ幽霊《ゆうれい》が出《で》るかは謎《なぞ》とされている。

✦道化師《どうけし》パックの幽霊《ゆうれい》✦

城《しろ》の中《なか》で最《もっと》も有名《ゆうめい》な幽霊《ゆうれい》は、道化師《どうけし》のパックの霊《れい》だろう。

パックは、ヘンリー8世《せい》に人質《ひとじち》として捕《と》らわれていた女性《じょせい》に恋《こい》をした。

それが原因《げんいん》なのか、ある雪《ゆき》の多《おお》い12月《がつ》、

城《しろ》の外《そと》で心臓《しんぞう》を貫《つらぬ》かれて死《し》んでいるパックの死体《したい》が見《み》つかった。それからというもの、マラハイド城《じょう》の周《まわ》りをさまようパックの幽霊《ゆうれい》が見《み》られるようになったという。

パックがお客《きゃく》さんを出迎《でむか》えていた階段《かいだん》を撮影《さつえい》すると、しばしばパックの霊《れい》が写《うつ》ると言《い》われ、「パックの階段《かいだん》」と呼《よ》ばれている。

他《ほか》にも、縛《しば》り首《くび》にされ、その後《ご》4つに引《ひ》き裂《さ》かれた元城主《もとじょうしゅ》コーベットの幽霊《ゆうれい》や、城《しろ》に短期間《たんきかん》住《す》んでいた夫婦《ふうふ》の幽霊《ゆうれい》も出《で》るという。

この夫婦《ふうふ》は、奥《おく》さんが大変《たいへん》気性《きしょう》の荒《あら》い人《ひと》だった。

そのため、亡《な》くなった後《あと》も、城《しろ》の周《まわ》りを逃《に》げる夫《おっと》の幽霊《ゆうれい》を追《お》いかける妻《つま》の幽霊《ゆうれい》が見《み》られるのだそうだ。

マラハイド城《じょう》

フランス

古《ふる》いモノを大切《たいせつ》にする文化《ぶんか》のある
フランスにも、幽霊《ゆうれい》の存在《そんざい》を信《しん》じる人《ひと》は多《おお》い。
信《しん》じていなくとも、「死者《ししゃ》は墓《はか》の中《なか》に生《い》きている」と、恐《おそ》れる人《ひと》がたくさんいる。

黒《くろ》い服《ふく》を着《き》た男《おとこ》

事件《じけん》は1925年《ねん》、ある暖《あたた》かい日《ひ》の夕方《ゆうがた》に起《お》きた。

医学生《いがくせい》であるジャン・ロミエは、パリ中心部《ちゅうしんぶ》にある、リュクサンブール公園《こうえん》で読書《どくしょ》を楽《たの》しんでいた。

そこに、黒《くろ》く長《なが》いコートを着《き》た高齢《こうれい》の男性《だんせい》がやってきた。

「こんにちは」

ふとしたことから、二人《ふたり》の間《あいだ》で会話《かいわ》が始《はじ》まった。

話《はなし》をしているうちに、二人《ふたり》ともクラシック音楽《おんがく》が好《す》きだということが分《わ》かった。別《わか》れぎわ、男性《だんせい》が、

「次《つぎ》の金曜日《きんようび》、うちでレコードを聴《き》きませんか？」

とロミエを誘《さそ》ってきた。興味《きょうみ》をそそられたロミエは、すぐにOK《オーケー》をした。

さて、金曜日《きんようび》、ロミエは約束通《やくそくどお》り男性《だんせい》のアパートに向《む》かった。

男性《だんせい》の部屋《へや》には趣味《しゅみ》のいいインテリアが取《と》り揃《そろ》えられていた。

明《あか》るく華《はな》やかな雰囲気《ふんいき》の中《なか》、ロミエは、男性《だんせい》の家族《かぞく》や友人《ゆうじん》らとともに、音楽《おんがく》と詩《し》を十分《じゅうぶん》に楽《たの》しんだ。

✦誰《だれ》も、住《す》んでいない!?✦

その帰《かえ》り道《みち》、ロミエはライターを男性《だんせい》の家《いえ》に置《お》き忘《わす》れたことに気付《きづ》いた。

「しまった。でも、今《いま》なら、すぐ家《いえ》に入《い》れてくれるだろう」

ロミエは急《いそ》いでもと来《き》た道《みち》を戻《もど》り、男性《だんせい》の部屋《へや》のドアをノックした。

応答《おうとう》がない。

「おかしいな？」

何度《なんど》も叩《たた》いても、返事《へんじ》がない。

そうしていると、隣《となり》の部屋《へや》のドアが開《あ》き、人《ひと》がでてきた。そして、

「うるさいな。この部屋《へや》は20年前《ねんまえ》に住人《じゅうにん》が死《し》んでから、誰《だれ》も住《す》んでないよ」

と、ロミエに告《つ》げた。

「信《しん》じられない」

ロミエは警察《けいさつ》を呼《よ》んだ。

「この部屋《へや》でさっきまで音楽《おんがく》を聴《き》いていたんです！」

警察《けいさつ》はアパートの大家《おおや》さんに連絡《れんらく》を取《と》って、部屋《へや》の扉《とびら》を開《あ》けてくれた。

部屋《へや》の中《なか》は、さっきまでの様子《ようす》とまるで違《ちが》い、暗《くら》く、薄汚《うすよご》れていた。

壁《かべ》を見《み》ると、肖像画《しょうぞうが》が1枚《まい》、かけられていた。その人《ひと》は、なんと公園《こうえん》で出会《であ》った、あの男性《だんせい》だった。

そして、積《つ》み重《かさ》なったほこりの層《そう》の下《した》に、ロミエは自分《じぶん》のライターを発見《はっけん》した。

実《じつ》は、公園《こうえん》の敷地内《しきちない》で多《おお》くの人々《ひとびと》が、同《おな》じようなシチュエーションで、恐《おそ》らく同《おな》じ人《ひと》から招待《しょうたい》を受《う》けているという。

パリの地下《ちか》に広《ひろ》がる、納骨堂《のうこつどう》

パリ南部《なんぶ》に位置《いち》する14区《く》の地下《ちか》には、「カタコンブ・ド・パリ」と呼《よ》ばれるカタコンベ（納骨堂《のうこつどう》）がある。

そこには600万体以上《まんたいいじょう》の人骨《じんこつ》が保管《ほかん》されていて、入口《いりぐち》には「止《と》まれ！ ここからは死《し》の帝国《ていこく》である」と書《か》かれている。

なんともおどろおどろしい場所《ばしょ》だが、一般《いっぱん》に開放《かいほう》されていることもあり、多《おお》いときは数百人《すうひゃくにん》が列《れつ》を作《つく》る。

さて、らせん階段《かいだん》をひたすら下《くだ》り、地下《ちか》道《どう》を歩《ある》くと、突然骨《とつぜんほね》の壁《かべ》が現《あらわ》れる。

骨《ほね》、骨《ほね》、骨《ほね》。壁中頭蓋骨《かべじゅうずがいこつ》だらけ。頭蓋《ずがい》骨《こつ》で作《つく》られたハート形《がた》の装飾《そうしょく》もあれば、骨《ほね》で作《つく》られた柱《はしら》もある。

話《はなし》を聞《き》くだけでも恐《おそ》ろしげな場所《ばしょ》だが、面白《おもしろ》がって勝手《かって》に入《はい》り込《こ》み、行方不明《ゆくえふめい》になる人《ひと》も少《すく》なくないのだという。

というのも、この納骨堂《のうこつどう》は全長《ぜんちょう》2キロメートルもあるのだが、地下《ちか》の総延長《そうえんちょう》は300キロ以上《いじょう》もあるからだ。

✦地下《ちか》に納骨堂《のうこつどう》が作《つく》られた理由《りゆう》✦

なぜ、パリの地下《ちか》に300キロ以上《いじょう》の地《ち》下道《かどう》が存在《そんざい》するのか。なぜ、地下《ちか》に納骨堂《のうこつどう》ができたのか。

実《じつ》は、この場所《ばしょ》が納骨堂《のうこつどう》として定《さだ》められたのは、1786年頃《ねんごろ》なのだという。

当時《とうじ》、パリを始《はじ》めとするヨーロッパでは、人《ひと》が死《し》ぬと土葬《どそう》にされるのが一般的《いっぱんてき》だった。人口《じんこう》が少《すく》ないうちは、土葬《どそう》でも墓《ぼ》地《ち》が足《た》りた。

しかし12世紀《せいき》にはパリはすでに、ヨーロッパを代表《だいひょう》する一大都市《いちだいとし》だった。

店《みせ》が増《ふ》え、サービスも増《ふ》え、便利《べんり》になればなるほど、人口《じんこう》は増《ふ》えた。

人《ひと》が集《あつ》まるにつれ住居《じゅうきょ》と墓地《ぼち》が足《た》りなくなってきた。

17世紀《せいき》には、墓地不足《ぼちぶそく》から、墓地《ぼち》に人《ひと》の死体《したい》があふれかえるようになった。

死体《したい》はいずれ腐《くさ》る。放《ほう》っておかれた死体《したい》が原因《げんいん》で、病気《びょうき》が流行《りゅうこう》し、バタバタと人《ひと》が死《し》んだ。

死者《ししゃ》が増《ふ》えると、死体《したい》が増《ふ》える。

パリの衛生状態《えいせいじょうたい》は、すこぶる悪《わる》くなり、死体《したい》の臭《にお》いも問題《もんだい》になった。

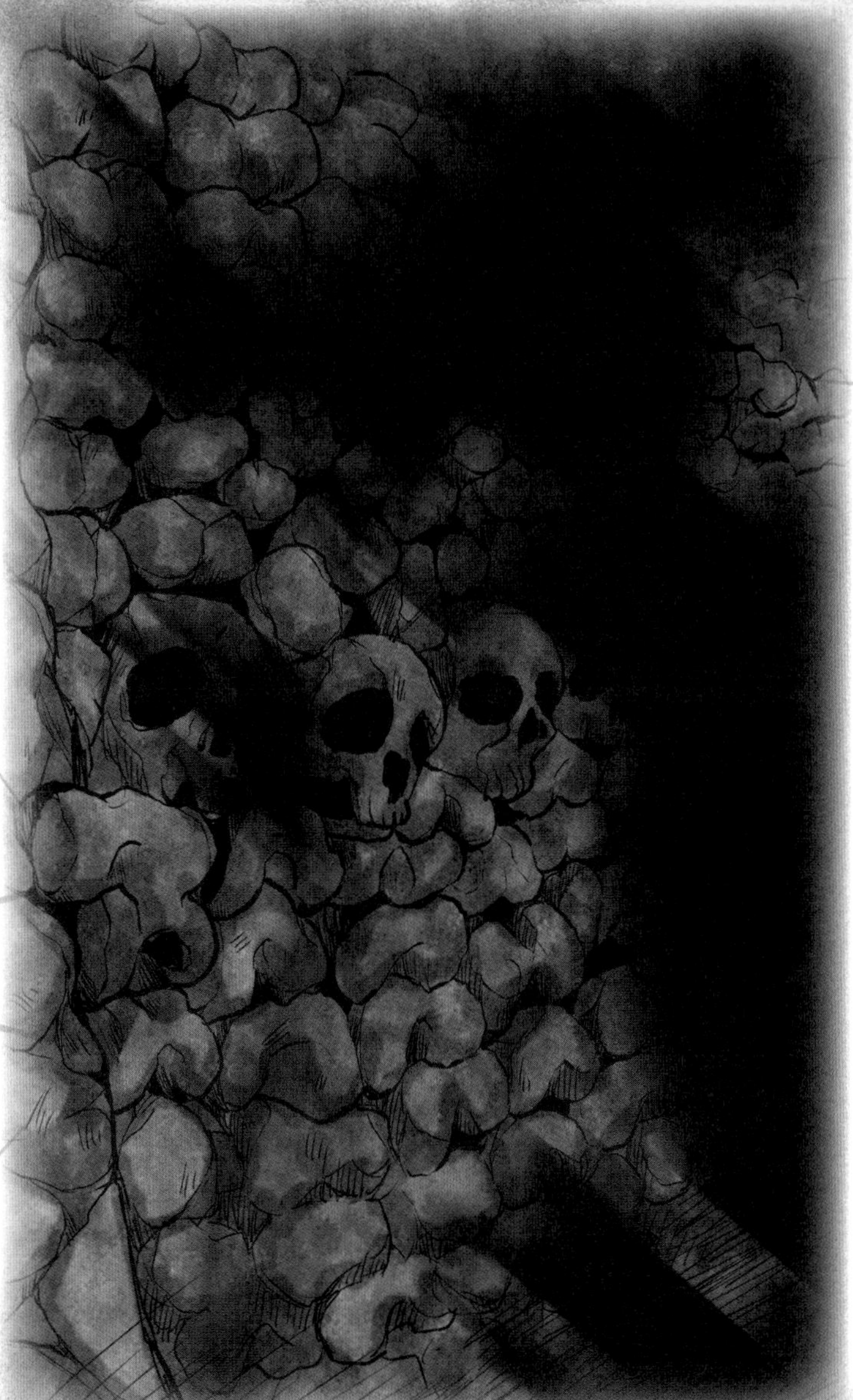

なんと死体《したい》が出《だ》すガスや、死体《したい》の重《おも》さによって、地下《ちか》にあったワインの貯蔵庫《ちょぞうこ》が崩《くず》れる事故《じこ》も起《お》きたという。

そこで目《め》をつけられたのが、すでにあった地下採石場《ちかさいせきじょう》だった。

中世《ちゅうせい》、パリでは道路《どうろ》や建物《たてもの》で使《つか》う石《いし》を求《もと》め、地下《ちか》が掘《ほ》り進《すす》められていた。この地下《ちか》を納骨堂《のうこつどう》にあてようというわけだ。

こうして、放置《ほうち》された死体《したい》を掘《ほ》り出《だ》し、キレイに洗《あら》い、納骨堂《のうこつどう》「カタコンブ・ド・パリ」へ移動《いどう》させたというわけだ。

「カタコンブ・ド・パリ」の頭蓋骨《ずがいこつ》

✦納骨堂《のうこつどう》の怪人《かいじん》✦

納骨堂《のうこつどう》ができた当時《とうじ》から、

「壁《かべ》の頭蓋骨《ずがいこつ》がささやきあっていた」

「歯《は》をカチカチならす頭蓋骨《ずがいこつ》を見《み》た」

といった、恐《おそ》ろしいウワサがささやかれていた。納《おさ》められた骨《ほね》の中《なか》には、ギロチンで処刑《しょけい》された犯罪者《はんざいしゃ》や、無実《むじつ》の罪《つみ》で殺《ころ》された人《ひと》たちのものもあったという。

そもそも、この場所《ばしょ》では、**悪魔《あくま》の存在《そんざい》**がウワサされていた。

まだ採石場《さいせきじょう》だった1777年《ねん》ごろ、不思《ふし》議《ぎ》な「緑《みどり》の男《おとこ》」が出現《しゅつげん》していたという記録《きろく》が残《のこ》されている。

作業員《さぎょういん》たちは、

「頭《あたま》に山羊《やぎ》の角《つの》をつけ、山羊《やぎ》の足《あし》と尾《お》を持《も》つ、人間《にんげん》のような全身緑色《ぜんしんみどりいろ》の獣《けもの》を見《み》た」

と口々《くちぐち》に証言《しょうげん》したという。

西洋《せいよう》で人間《にんげん》と山羊《やぎ》をミックスさせた姿《すがた》の生《い》き物《もの》といえば、ズバリ**悪魔《あくま》**だ。この悪魔《あくま》が跳《は》ね上《あ》がっては、作業員《さぎょういん》を驚《おどろ》かせたり、足跡《あしあと》を残《のこ》していたという。

今《いま》でも、

「悪魔《あくま》に似《に》た足跡《あしあと》を見《み》た」

という人《ひと》は存在《そんざい》する。確《たし》かにこの場所《ばしょ》は、死者《ししゃ》の帝国《ていこく》なのかもしれない。

恐怖《きょうふ》の極悪兄弟《ごくあくきょうだい》の幽霊《ゆうれい》

フランスのとある場所《ばしょ》に、ボモ・スギュロと呼《よ》ばれる洞《どう》くつがある。

この場所《ばしょ》には恐《おそ》ろしい伝説《でんせつ》がある。

19世紀《せいき》ごろ、ボモ・スギュロに、二人《ふたり》の兄弟《きょうだい》が身《み》を潜《ひそ》めていた。弟《おとうと》の方《ほう》が凶悪《きょうあく》な山賊《さんぞく》で、警察《けいさつ》に追《お》われていたからだ。

しかしある時《とき》、二人《ふたり》は大《おお》げんかをし、兄《あに》が警察《けいさつ》に、

「弟《おとうと》が洞《どう》くつに隠《かく》れている」

と、通報《つうほう》してしまった。

冷静《れいせい》になってから、兄《あに》は後悔《こうかい》した。もし、警察《けいさつ》につかまると、弟《おとうと》は死刑《しけい》を言《い》い渡《わた》されてしまう。

「大勢《おおぜい》の前《まえ》で処刑《しょけい》されるくらいなら」

と、兄《あに》は弟《おとうと》を殺《ころ》し、自分《じぶん》は崖《がけ》から飛《と》び降《お》り、自殺《じさつ》した。

それからというもの、この洞《どう》くつのあたりに、二人《ふたり》の幽霊《ゆうれい》が現《あらわ》れるのだという。

もし、フランスの山中《さんちゅう》の洞《どう》くつで幽霊《ゆうれい》に気付《きづ》いたらすぐに逃《に》げてほしい。

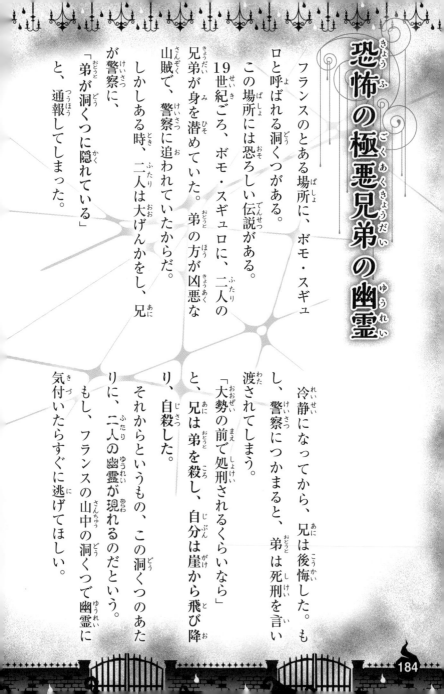

というのもこの二人《ふたり》の幽霊《ゆうれい》は、時《とき》には崖《がけ》の上《うえ》から通行人《つうこうにん》の背中《せなか》を押《お》し、落《お》ちる姿《すがた》を楽《たの》しむのだそうだ。

イタリア

首都《しゅと》ローマ市内《しない》に、カトリック教会《きょうかい》の総本山《そうほんざん》「バチカン市国《しこく》」が存在《そんざい》するイタリアは、幽霊《ゆうれい》はもちろん、悪魔《あくま》の存在《そんざい》も恐《おそ》れる。悪魔《あくま》を払《はら》うエクソシストという職業《しょくぎょう》もあるほどだ。

殺《ころ》された旅人《たびびと》の幽霊《ゆうれい》が出《で》る家《いえ》

イタリア北西部《ほくせいぶ》にある、ジェノヴァとミラノを結《むす》ぶ「ジオヴィ旧街道《きゅうかいどう》」は、古《ふる》くから商人《しょうにん》や兵士《へいし》、巡礼者《じゅんれいしゃ》たちに利用《りよう》されてきた道《みち》だ。

18世紀《せいき》に建《た》てられた「魂《たましい》の家《いえ》」は、そんな旅人《たびびと》たちが体《からだ》を休《やす》めるための宿屋《やどや》の一《ひと》つだ。

「魂《たましい》の家《いえ》」は個人《こじん》が営《いとな》む、ほんの小《ちい》さな宿《やど》にすぎない。それでも今《いま》でも多《おお》くの人《ひと》にウワサされているのは、幽霊《ゆうれい》にまつわる、

ある恐《おそ》ろしい伝説《でんせつ》が残《のこ》されているからだ。

◆泊《と》まると殺《ころ》される、恐怖《きょうふ》の宿《やど》◆

当時《とうじ》、安《やす》い宿《やど》では、宿《やど》の者《もの》による詐欺《さぎ》や強盗《ごうとう》がしばしば行《おこな》われた。

「魂《たましい》の家《いえ》」もそんな宿《やど》の一《ひと》つだった。にも関《かか》わらず、バレずにいたのは、荷物《にもつ》を奪《うば》った客《きゃく》を確実《かくじつ》に殺《ころ》していたからだ。

方法《ほうほう》はこうだ。

宿《やど》の主《あるじ》は、お金持《かねも》ちが泊《と》まりに来《く》ると、秘密《ひみつ》の通路《つうろ》を通《とお》らせ、特別《とくべつ》な部屋《へや》に案内《あんない》する。そして客《きゃく》が寝《ね》ついた頃《ころ》、可動式《かどうしき》の天井《てんじょう》をゆっくりとおろし、**客《きゃく》を押《お》しつぶす。**

客《きゃく》の死体《したい》は宿《やど》の裏手《うらて》に用意《ようい》した共同墓地《きょうどうぼち》に捨《す》てる。そうして、宿《やど》の主《あるじ》は客《きゃく》が持《も》つ財産《ざいさん》を全《すべ》て自分《じぶん》のものにしていた。

しかし、そんな悪事《あくじ》も長《なが》くは続《つづ》かない。

「宿《やど》の近《ちか》くで行方不明事件《ゆくえふめいじけん》がしょっちゅう起《お》きている」

という知《し》らせを受《う》け、警察《けいさつ》が調査《ちょうさ》をしたところ、宿《やど》のからくりが判明《はんめい》したのだ。

さらに、家《いえ》の周《まわ》りの土《つち》の下《した》から、何体《なんたい》も

の死体《したい》が発見《はっけん》された。宿《やど》の主《あるじ》は捕《つか》まえられ、死刑《しけい》にされた。

✦恋人《こいびと》を捜《さが》す幽霊《ゆうれい》が……✦

その後《ご》、宿《やど》はそのまま放《ほう》っておかれたが、第二次世界大戦《だいにじせかいたいせん》が終《お》わった頃《ころ》、ある家《か》族《ぞく》が「魂《たましい》の家《いえ》」に入居《にゅうきょ》してきた。

「私《わたし》たちは幽霊《ゆうれい》を信《しん》じません」と言《い》っていたようだが、それでも奇妙《きみょう》なことが起《お》きた。

誰《だれ》もいないのにドアをノックする音《おと》が聞《き》こえ、置物《おきもの》がひとりでに動《うご》いた。夜《よる》になると、客室《きゃくしつ》だった場所《ばしょ》や、裏庭《うらにわ》から叫《さけ》び声《ごえ》が響《ひび》き、幽霊《ゆうれい》らしき白《しろ》い影《かげ》も現《あらわ》れた。

そして決定的《けっていてき》だったのが、ある夜《よる》のこと。家族《かぞく》の前《まえ》に古《ふる》い18世紀《せいき》ごろの服《ふく》を身《み》にまとった若《わか》い女性《じょせい》が現《あらわ》れた。

「宿《やど》に泊《と》まった、恋人《こいびと》を捜《さが》しています」

と話《はな》すので、幽霊《ゆうれい》かもしれないと思《おも》い、

「あなたの恋人《こいびと》は死《し》にましたよ」

と恐《おそ》る恐《おそ》る伝《つた》えたところ、女性《じょせい》はたちまち消《き》えた。辺《あた》りにはバラの香《かお》りが残《のこ》っていたという。家族《かぞく》は引《ひ》っ越《こ》しを決《き》めた。

以降《いこう》、この家《いえ》には誰《だれ》も住《す》んでいない。何度《なんど》か入居《にゅうきょ》や、改装《かいそう》の計画《けいかく》が持《も》ちあがったようだが、何《なん》らかの理由《りゆう》で立《た》ち消《ぎ》えたようだ。

そして霊《れい》たちを残《のこ》し、「魂《たましい》の家《いえ》」は昔《むかし》の姿《すがた》のまま、今《いま》も存在《そんざい》し続《つづ》けている。

イタリア中部《ちゅうぶ》トスカーナ州《しゅう》ルッカ
マンガ／絢前《あやさき》ゆうた
悪魔《あくま》に魂《たましい》を売《う》った女性《じょせい》
この街《まち》の植物園《しょくぶつえん》にはとても珍《めずら》しい伝説《でんせつ》がある
──1616年《ねん》
今日《きょう》もあいかわらずきれい
ルチダ・マンシ！ちょっと待《ま》ってくれないか！
ルチダ様《さま》だ
麗《うるわ》しい
美《うつく》しいあなたにこれを…っ！
その品種《ひんしゅ》は好《この》みじゃないのいらないわ
もっと私《わたくし》にふさわしい花《はな》を持《も》ってきてくださる？

あいかわらずわがままが過《す》ぎるわね
また新《あたら》しい恋人《こいびと》ができたそうよ
見栄《みえ》張《ば》りにも程《ほど》があるわ
くす…っ
見栄《みえ》?
私《わたくし》ほど美《うつく》しい女《おんな》を男《おとこ》が放《ほう》っておけないのは当《あ》たり前《まえ》じゃなくて?
ミス・ルチダ僕《ぼく》と踊《おど》っていただけませんか
いや私《わたくし》と
ぜひ僕《ぼく》と一曲《いっきょく》!
まぁお誘《さそ》いどうもでもごめんなさい
大事《だいじ》な用《よう》があるから後《あと》にしてもらえる?
ルチダ!
スッ

ごめんなさいね
あなたのこと
飽《あ》きちゃった
昨日《きのう》の彼《かれ》は運《はこ》ぶのに苦労《くろう》したわ…
その前《まえ》の彼《かれ》と井戸《いど》の底《そこ》で仲良《なかよ》くしてるかしら
なんて……

イヤアアアアアッ!!
こんなのウソよ!
私《わたくし》の顔《かお》に…シワがあるなんて…っ!
イヤよ!イヤ!
年《とし》をとるなんてまっぴらだわ!!
ぐすっ…
ボクにあなたの魂をくれるなら

30年間《ねんかん》
あなたに若《わか》さと
お金《かね》をあげるよ
…っ！
答《こた》えなんて
一《ひと》つしか
ないじゃない
私《わたくし》はずっと
美《うつく》しいままで
いたいのよ！
今《いま》より
もっと！
ずっと！

永《えい》遠《えん》に――――!!
――1646年《ねん》8月《がつ》14日《か》
すてきな夜《よる》だね ルチダ・マンシ
にこっ
今日《きょう》で約束《やくそく》の30年目《ねんめ》だ
その魂《たましい》もらいにきたよ
どういうこと? この美《うつく》しさは… お金《かね》は…
すべてあの時《とき》の約《やく》束《そく》によるものだったってこと?
えっ… ツノ…!?
あなたは… 悪魔《あくま》だったの…!?

にやぁ…
だったらなんだい？
…っ
魂《たましい》を渡《わた》すなんてぜったいイヤ！
お願《ねが》いだから助《たす》けて……
!?
やだ！放《はな》し…っ
いった…
ここは…馬車《ばしゃ》の中《なか》？

出《だ》して！
出《だ》してってば！
そう言《い》われても…
…？
なんか焦《こ》げ臭《くさ》い…？
ぱちんっ
そういう約束《やくそく》だろう？

やだ 出《だ》して！
パチッ
出《だ》してよ！ 止《と》まって！
パチ
痛《いた》い！
パチッ
熱《あつ》い！
まだ 死《し》にたくない！
パチ
いやあああああ!!
ザパァーンッ

——今《いま》でも満月《まんげつ》の夜《よる》には
燃《も》えさかる馬車《ばしゃ》が
現《あらわ》れるのだそうだ
パチ
パチッ
ルチダの
哀《かな》しそうに叫《さけ》ぶ声《こえ》も
聞《き》こえるという
パチ
チッ
そして今《いま》もなお
ルチダの魂《たましい》は
植物園《しょくぶつえん》の池《いけ》にいて
池《いけ》の表面《ひょうめん》に顔《かお》をつけると
底《そこ》で眠《ねむ》るように沈《しず》む
ルチダが見《み》られると
言《い》われている……

ヴェネツィア沖《おき》に浮《う》かぶ、地獄《じごく》の島《しま》

イタリアには、「地球上《ちきゅうじょう》で最《もっと》も呪《のろ》われた島《しま》」といわれている不気味《ぶきみ》な島《しま》がある。その名《な》は「ポヴェーリア島《とう》」。

イタリア北東部《ほくとうぶ》にある、水《みず》の都《みやこ》ヴェネツィアからボートで10分《ぷん》ほどの沖《おき》に浮《う》かぶ小《ち》さな無人島《むじんとう》で、

「上陸《じょうりく》すると、必《かなら》ず呪《のろ》われる地獄《じごく》の島《しま》」

「立《た》ち入《い》ったら最後《さいご》、帰《かえ》って来《こ》られない」

「何千人《なんぜんにん》もの幽霊《ゆうれい》が出《で》る」

と、恐《おそ》れるヴェネツィア人《じん》は多《おお》い。

「島《しま》の土《つち》の半分《はんぶん》が、人《ひと》の死骸《しがい》によるもの」などと、物騒《ぶっそう》なことを言《い》う人《ひと》もいる。

ではなぜ、このようなウワサがささやかれているのだろうか。

✦16万人《まんにん》もの死体《したい》の島《しま》✦

最《もっと》も大《おお》きな理由《りゆう》は、ペストによるものだろう。ペストに対《たい》する特効薬《とっこうやく》がなかった昔《むかし》は、ペストは一度《いちど》かかると、4日以内《かいない》にほ

とんどの人《ひと》が死《し》に至《いた》るという、極《きわ》めて恐《おそ》ろしい病《やまい》だった。

そのため、14世紀《せいき》の大流行《だいりゅうこう》ではヨーロッパで約《やく》2500万人《まんにん》、アジアでは約《やく》6000万人《まんにん》の命《いのち》が奪《うば》われた。これは当時《とうじ》の人口《じんこう》からいうと、**3〜4人《にん》に一人《ひとり》は死《し》ん**だという計算《けいさん》になる。

このペストは、17世紀《せいき》から18世紀《せいき》にかけて何度《なんど》も流行《りゅうこう》している。ヴェネツィアにも多《おお》くの死者《ししゃ》が出《で》た。困《こま》ったのが死体《したい》の安置《あんち》場所《ばしょ》だ。ペストで死亡《しぼう》した体《からだ》にさわっただけで、病原菌《びょうげんきん》が人《ひと》にうつることが分《わ》かってきたからだ。

そこで18世紀《せいき》になると死骸《しがい》は、ポヴェーリア島《とう》へ運《はこ》ばれることになった。死骸《しがい》だけではない。ペストの疑《うたが》いがあれば、生《い》きた人《ひと》も島《しま》へ運《はこ》ばれた。

ポヴェーリア島《とう》が「死者《ししゃ》の島《しま》」または「帰還《きかん》の島《しま》」として知《し》られるようになったのはこの頃《ころ》からだ。

生《い》きながらにして、何千《なんぜん》もの死体《したい》に囲《かこ》まれた人々《ひとびと》はどれほどの恐怖《きょうふ》だったか。

結局《けっきょく》、約《やく》16万人《まんにん》が島《しま》に連《つ》れて行《い》かれ、30万体《まんたい》の死体《したい》が積《つ》み上《あ》げられたという。

遺体《いたい》は島《しま》のあちこちに積《つ》み重《かさ》ねられ、土《ど》壌《じょう》になった。雨《あめ》が降《ふ》ると積《つ》み上《あ》げられた死《し》体《たい》が海《うみ》に流《なが》れ出《だ》すこともあった。

そのため、ヴェネツィアの漁師《りょうし》は、ポヴェーリア島《とう》の近《ちか》くで漁《りょう》をしない。網《あみ》に大量《たいりょう》の人間《にんげん》の骨《ほね》がかかるからだ。

✦医師《いし》を病《や》ませたモノは？✦

そんなポヴェーリア島《とう》に、1922年《ねん》、イタリア政府《せいふ》は精神《せいしん》を病《や》んだ人《ひと》たちのための病院《びょういん》を設立《せつりつ》した。

入院患者《にゅういんかんじゃ》たちはすぐに、入院前《にゅういんまえ》よりも悪《わる》くなった。皆《みな》が「幽霊《ゆうれい》を見《み》た」と言《い》い始《はじ》めたのだ。


「死《し》んだ人々《ひとびと》の叫《さけ》び声《ごえ》が聞《き》こえる」

「誰《だれ》もいない場所《ばしょ》から、足音《あしおと》がする」

「壁《かべ》から手《て》が伸《の》びてきた」

患者《かんじゃ》は口々《くちぐち》に医師《いし》に訴《うった》えたが、

「それは病気《びょうき》の症状《しょうじょう》によるものです」

と、片付《かたづ》けられた。さらに、医師《いし》たちは

「実験《じっけん》」と称《しょう》して多数《たすう》の患者《かんじゃ》たちを拷問《ごうもん》にかけた。凶悪《きょうあく》な実験《じっけん》は、病院《びょういん》の塔《とう》の中《なか》で行《おこな》われ、「実験《じっけん》」によって死《し》ぬ人《ひと》もいた。

そうするうちに、医師《いし》たちも少《すこ》しずつおかしくなった。

ペストで死《し》んだ人々《ひとびと》の幽霊《ゆうれい》に加《くわ》え、自分《じぶん》たちが拷問《ごうもん》して殺《ころ》した患者《かんじゃ》の幽霊《ゆうれい》も見《み》るようになったのだ。

あまりの恐《おそ》ろしさに、一人《ひとり》の医師《いし》が病院《びょういん》の塔《とう》から飛《と》び降《お》りた。

落下《らっか》を目撃《もくげき》した看護師《かんごし》によると、飛《と》び降《お》りて地面《じめん》に落《お》ちた段階《だんかい》では医師《いし》は死《し》んでいなかったという。医師《いし》が死《し》んだのは、地面《じめん》から霧《きり》のようなものが立《た》ちこめ、医師《いし》の身体《からだ》を覆《おお》ったからだ。

この事件《じけん》によって、ポヴェーリア島《とう》の病院《びょういん》は閉鎖《へいさ》された。

ちなみにこの医師《いし》の幽霊《ゆうれい》も、今《いま》、島《しま》に現《あらわ》れるという。

そんな恐《おそ》ろしいウワサがささやかれているにも関《かか》わらず、島《しま》を購入《こうにゅう》しようとしたお金持《かねも》ちがいた。

ところが、島《しま》で一夜《いちや》を過《す》ごすとすぐに逃《に》げ出《だ》した。

理由《りゆう》は述《の》べられていないが、ウワサによると、この家《いえ》の若《わか》い娘《むすめ》が顔《かお》に20針《はり》にも及《およ》ぶケガをしていたという。それを聞《き》いた住民《じゅうみん》の大部分《だいぶぶん》が、

「やっぱりな」

と、感《かん》じたそうだ。

というのも、面白半分《おもしろはんぶん》に上陸《じょうりく》した人《ひと》たちの誰《だれ》もが、幽霊《ゆうれい》の姿《すがた》を見《み》たり、騒々《そうぞう》しい叫《さけ》び声《ごえ》を聞《き》いたり、目《め》に見《み》えない何《なに》かに攻撃《こうげき》されていたからだ。

今《いま》なお、島《しま》は生《い》きた人間《にんげん》の立《た》ち入《い》りを拒《こば》むように、海《うみ》に横《よこ》たわっている。

ポヴェーリア島《とう》の廃病院《はいびょういん》の内部《ないぶ》

スペイン

「情熱《じょうねつ》の国《くに》スペイン」と称《しょう》されるほど、感情《かんじょう》が激《はげ》しいと言《い》われるスペイン人《じん》は、幽霊《ゆうれい》を信《しん》じない国民性《こくみんせい》だという。しかし、怖《こわ》い話《はなし》は驚《おどろ》くほど多《おお》い。

血《ち》塗《ぬ》られたトイレ

スペインには「トイレの花子《はなこ》さん」にとてもよく似《に》たウワサがある。

これは、何年《なんねん》も前《まえ》、サンブラスという学《がっ》校《こう》で本当《ほんとう》にあったと言《い》われている話《はなし》だ。

放課後《ほうかご》、この学校《がっこう》の用務員《ようむいん》が、校内《こうない》の見《み》回《まわ》りをしていた。

そして、あるトイレを開《あ》けた瞬間《しゅんかん》、思《おも》わず息《いき》をのんだ。

女性《じょせい》の清掃員《せいそういん》が、血《ち》だらけで死《し》んでいた

からだ。体中《からだじゅう》に歯形《はがた》がついていて、顔《かお》の一《いち》部《ぶ》はかじり取《と》られていた。

用務員《ようむいん》はすぐに、警察《けいさつ》に通報《つうほう》した。

警察《けいさつ》が死体《したい》を調《しら》べたところ、女性《じょせい》は、数《すう》時間《じかん》にわたって拷問《ごうもん》を受《う》けていたことが分《わ》かった。

犯人《はんにん》は発見《はっけん》されなかった。

それからというもの、この学校《がっこう》のトイレに死《し》んだ清掃員《せいそういん》の霊《れい》が出《で》るとウワサされるようになった。

放課後《ほうかご》、誰《だれ》もいないトイレの個室《こしつ》に入《はい》ると、何者《なにもの》かにドアをノックされる。

その時《とき》、決《けっ》してドアを開《あ》けてはいけない。清掃員《せいそういん》の幽霊《ゆうれい》が、自分《じぶん》がされたのと同《おな》じように、中《なか》にいた人《ひと》を殺《ころ》すからだ。

◆ドアをノックするのは◆

さて、この学校《がっこう》に、ペドロという男《おとこ》の子《こ》がいた。

ある日《ひ》の放課後《ほうかご》、ペドロは家《いえ》に帰《かえ》ろうと教室《きょうしつ》を出《で》たところ、急《きゅう》にトイレに行《い》きたくなった。そこで、いつも一緒《いっしょ》に帰《かえ》っている友達《ともだち》に、

「トイレに行《い》ってくるから、ちょっとそこで待《ま》っていて」

とお願《ねが》いし、トイレに入《はい》った。

トイレの中《なか》には誰《だれ》もいなかった。

「おかしいな」

普段《ふだん》ならこの時間《じかん》、トイレには用《よう》を足《た》そうとする生徒《せいと》がたくさんいるからだ。

ペドロは、清掃員《せいそういん》の幽霊《ゆうれい》の恐《おそ》ろしいウワサを思《おも》い出《だ》し、怖《こわ》くなったが、トイレの個《こ》室《しつ》に入《はい》った。

ドアを閉《し》めた瞬間《しゅんかん》、

「トントントン」

という音《おと》がした。誰《だれ》もいなかったのに？

他《ほか》にも個室《こしつ》が空《あ》いているのに？　と不思議《ふしぎ》に思《おも》いつつ、

「入《はい》っています。誰《だれ》かいるの？」

と、ペドロは答《こた》えた。返事《へんじ》がない。

「誰《だれ》かいるの？」

やはり、返事《へんじ》がない。しかし、ドアの外《そと》に誰《だれ》かがいる気配《けはい》がする。そして再《ふたた》び、ドアがノックされた。

「誰《だれ》かいるの？　ノックしないで」

と、大《おお》きな声《こえ》で叫《さけ》んだ。すると、ドアの下《した》から誰《だれ》かがのぞきこんできた。

ペドロは、まずズボンをあげた。そして、思《おも》いっきり息《いき》を吸《す》い込《こ》んだ。

勢《いきお》いよくドアを開《あ》け、逃《に》げようとした。

その時《とき》、背後《はいご》から女性《じょせい》の声《こえ》がした。振《ふ》り

向《む》くと、女性《じょせい》は血《ち》だらけだった。女性《じょせい》は腕《うで》を伸《の》ばし、ペドロの足《あし》をつかんだ。ペドロは転《ころ》び、トイレのドアで頭《あたま》をぶつけ、そのまま気《き》を失《うしな》ってしまった。

数分後《すうふんご》、ペドロが目《め》を覚《さ》ますと、友達《ともだち》や他《ほか》の生徒《せいと》たちが心配《しんぱい》そうに自分《じぶん》を取《と》り囲《かこ》んでいた。

友達《ともだち》が言《い》うには、トイレの中《なか》から大《おお》きな音《おと》がしたのでドアを開《あ》けると、ペドロが気《き》絶《ぜつ》していたのだそうだ。

ペドロは、

「へんな女《おんな》の人《ひと》がいたんだ」

と、話《はな》しつつ、自分《じぶん》の足《あし》を見《み》て大声《おおごえ》で叫《さけ》んだ。

ペドロの足《あし》にはしっかりと、人間《にんげん》の歯《は》の形《かたち》をした傷《きず》がついていた。

死《し》んでも、友達《ともだち》

その日《ひ》はしとしとと雨《あめ》が降《ふ》る、とても寒《さむ》い夜《よる》だった。

エリザの両親《りょうしん》は、旅行《りょこう》に出《で》かけ、留守《るす》だった。ここぞとばかりに、エリザは友達《ともだち》を家《いえ》に呼《よ》んだ。

「口《くち》うるさい両親《りょうしん》もいないし、うちに泊《と》まりに来《こ》ない？」

というわけだ。

エリザの誘《さそ》いにのって、その日《ひ》、仲良《なかよ》しのアイリーンとローザ、マリアがこっそり遊《あそ》びに来《き》てくれた。

「みんなで夜遅《よるおそ》くまで、おしゃべりをしよう！」

と、しばらくウワサ話《ばなし》に花《はな》を咲《さ》かせた4人《にん》だったが、ふと、

「何《なに》か別《べつ》のことをして遊《あそ》ぶ？」

ということになり、誰《だれ》からともなく、

「順番《じゅんばん》に、出《だ》した命令《めいれい》を聞《き》きあうっていう、ゲームをしない？」

と言《い》い出《だ》した。

アイリーンが命令《めいれい》をし、ローザが命令《めいれい》をし、エリザも命令《めいれい》をした。
次《つぎ》はマリアの番《ばん》だ。
前《まえ》の3人《にん》は誰《だれ》にでもできる簡単《かんたん》な命令《めいれい》をした。ところがマリアは邪悪《じゃあく》な表情《ひょうじょう》を浮《う》かべると、静《しず》かに言《い》った。
「エリザが、墓地《ぼち》に行《い》って、『私《わたし》を殺《ころ》してほしい』と叫《さけ》ぶ！」

✦恐怖《きょうふ》の命令《めいれい》✦

アイリーンもローザも、「大丈夫《だいじょうぶ》？」と、心配《しんぱい》そうな顔《かお》をしたが、エリザは勝《か》ち気《き》な性格《せいかく》だったこともあり、

「いいわよ」

と、懐中電灯《かいちゅうでんとう》をつかんだ。

「本当《ほんとう》にいいの？」

雨《あめ》の中《なか》、マリアだけでなく、アイリーン

やローザも、墓地《ぼち》についてきてくれた。

荒《あ》れ果《は》てた道《みち》をしばらく歩《ある》くと、墓地《ぼち》に着《つ》いた。

「ここで叫《さけ》んで」

と、マリアに言《い》われ、エリザは、

「私《わたし》を殺《ころ》して！」

と叫《さけ》んだ。

「ほら、言《い》ったわよ。帰《かえ》ろう？」

と、エリザがマリアに言《い》うと、マリアは、

「これだけじゃだめよ」

と、微笑《ほほえ》んだ。

「これにプラスして、そのお墓《はか》にツバを吐《は》いてみてよ」

「いいわよ」

エリザはマリアが指差《ゆびさ》すお墓《はか》に近《ちか》づき、ツバを吐《は》こうとして、墓石《ぼせき》に書《か》かれた文字《もじ》を読《よ》んだ。

「エリザ・ラミレス・メンドーサ、家族《かぞく》はあなたを忘《わす》れない。命日《めいにち》／○×○×年《ねん》3月《がつ》3日《か》」

なんと、エリザの名前《なまえ》が書《か》かれているではないか！

しかも命日《めいにち》は……今日《きょう》!?

エリザは絶叫《ぜっきょう》し、アイリーンやローザがいた場所《ばしょ》へ走《はし》ったが、そこには誰《だれ》もいなかった。

その代《か》わり、3つの墓石《ぼせき》があった。

「マリア・サンチェス・ロマン、あなたがより良《よ》い場所《ばしょ》にいられますように、命日《めいにち》／1894年《ねん》3月《がつ》3日《か》」

「アイリーン・ガルシア・イランソーダ、私《わたし》たちはあなたの死《し》を感《かん》じます、命日《めいにち》／1894年《ねん》3月《がつ》3日《か》」

「ローザ・マルティネス・デ・ロ・リスコス、あなたの新《あたら》しい場所《ばしょ》を祈《いの》ります、命日《めいにち》／1894年《ねん》3月《がつ》3日《か》」

今回《こんかい》のパジャマパーティーのメンバーである、3人《にん》の名前《なまえ》だった。

◆墓地《ぼち》に隠《かく》されていた謎《なぞ》◆

その瞬間《しゅんかん》、エリザは思《おも》い出《だ》した。

「なんでこんな大切《たいせつ》なことを忘《わす》れていたんだろう。3人《にん》は、何年《なんねん》も前《まえ》に事故《じこ》で死《し》んだんだった！」

ぼうぜんとしていると、彼女《かのじょ》たちの声《こえ》が聞《き》こえてきた。

――忘《わす》れたの？　私《わたし》たちは数年前《すうねんまえ》、3人一緒《にんいっしょ》に死《し》んだの。

――私《わたし》たちの魂《たましい》はずっと、あなたの家《いえ》にいたのよ。

――あなたはひきょうよ。友達《ともだち》だったの

に。あなたも一緒《いっしょ》に死《し》ぬべきよ。

――ねえ、私《わたし》たち、あなたが死《し》ぬことを望《のぞ》んでいるの。

気配《けはい》を感《かん》じてエリザは思《おも》わず後《うし》ろを振《ふ》り返《かえ》った。すると、血《ち》まみれのドレスの女性《じょせい》が立《た》っていた。

――あなたの友達《ともだち》の本当《ほんとう》の姿《すがた》に会《あ》わせてあげる。

エリザはその場《ば》で死《し》んだ。

何《なに》も知《し》らないエリザの両親《りょうしん》は、家《いえ》に帰《かえ》ると地面《じめん》に刻《きざ》まれた名前《なまえ》を見《み》つけ、首《くび》をかしげた。

「マリア、アイリーン、ローザ、そして今《いま》はエリザ」

「何《なに》だって⁉」

エリザがいなくなったことに気付《きづ》いた両《りょう》親《しん》は、警察《けいさつ》にすぐ通報《つうほう》した。

しかし、エリザの体《からだ》が見《み》つかることはなかった。エリザの両親《りょうしん》は家《いえ》を売《う》り、遠《とお》くへ引《ひ》っ越《こ》した。

あなたがもし友人《ゆうじん》にそそのかされたとしても、夜《よる》、墓地《ぼち》には行《い》ってはいけない。その友人《ゆうじん》は幽霊《ゆうれい》かもしれないからだ。

曲《ま》がり角《かど》の女《おんな》の子《こ》

「雨《あめ》の日《ひ》、車《くるま》に乗《の》せた人《ひと》がいつの間《ま》にか消《き》える」という、道路《どうろ》に出《で》る幽霊《ゆうれい》のウワサは世界各地《せかいかくち》にある。スペインには、「カーブの女《おんな》の子《こ》」という有名《ゆうめい》な話《はなし》がある。

雨《あめ》が降《ふ》る夜《よる》、仕事《しごと》を終《お》えたある男性《だんせい》が、家《いえ》に帰《かえ》るために、山道《やまみち》を車《くるま》で走《はし》っていた。

「家族《かぞく》が心配《しんぱい》しているから、急《いそ》がないと」

しかし、雨《あめ》はどんどん激《はげ》しさを増《ま》し、道路《どうろ》の状態《じょうたい》が見《み》えにくかった。

そんな時《とき》、カーブのところに、女《おんな》の子《こ》が立《た》っているのが見《み》えた。

顔《かお》は青白《あおじろ》く、白《しろ》いワンピースは泥《どろ》だらけでボロボロ。美《うつく》しいブロンドの髪《かみ》はびしょぬれで、顔《かお》はひどく疲《つか》れているようだ。

「こんな山道《やまみち》でどうしたんだろう」

男性《だんせい》は車《くるま》を止《と》め、

「どうしたの？　近《ちか》くの町《まち》まで乗《の》せようか？」

と、女《おんな》の子《こ》に声《こえ》をかけた。女《おんな》の子《こ》はコクリとうなずき、車《くるま》に乗《の》った。

✦ありがたい忠告《ちゅうこく》✦

よほど疲《つか》れているのか、女《おんな》の子《こ》は下《した》を向《む》いたまま口《くち》をきかなかった。男性《だんせい》も疲《つか》れていたので、無言《むごん》のまま車《くるま》を運転《うんてん》した。

雨《あめ》がさらに激《はげ》しく降《ふ》り始《はじ》めた。その時《とき》、突然《とつぜん》女《おんな》の子《こ》が言《い》った。

「もっとゆっくり走《はし》って！」

不思議《ふしぎ》に思《おも》いながらも、男性《だんせい》はゆっくりブレーキペダルを踏《ふ》んだ。そして前《まえ》をよくよく見《み》て驚《おどろ》いた。

雨《あめ》でよく見《み》えなかったが、急《きゅう》な坂道《さかみち》とカーブがあったからだ。

カーブを曲《ま》がり切《き》ると男性《だんせい》は、

「よかった、キミに注意《ちゅうい》されていなかったら、カーブを曲《ま》がりきれず、崖《がけ》から落《お》ちていたかもしれない。ありがとう」

と、お礼《れい》を言《い》った。

女《おんな》の子《こ》はうつむいたまま首《くび》をふり、

「気《き》にしないでください。これが、私《わたし》の使命《しめい》ですから。だって私《わたし》、25年前《ねんまえ》、この場所《ばしょ》で死《し》んだの」

そう告《つ》げると、ふっと姿《すがた》を消《け》した。

驚《おどろ》いた男性《だんせい》が、女《おんな》の子《こ》が座《すわ》っていた助手席《じょしゅせき》を見《み》ると、少女《しょうじょ》の体《からだ》で濡《ぬ》れたシートだけが残《のこ》されていた。

鏡《かがみ》の中《なか》のヴェロニカ

アメリカでは、「ブラッディー・メアリー」なる、鏡《かがみ》を使《つか》って幽霊《ゆうれい》を呼《よ》び出《だ》す有《ゆう》名《めい》な話《はなし》がある。同《おな》じようにスペインにも、「ヴェロニカ」と呼《よ》ばれる幽霊《ゆうれい》を、鏡《かがみ》の中《なか》に呼《よ》び出《だ》す方法《ほうほう》がある。

あくまでもウワサで、呼《よ》び出《だ》し方《かた》はいくつかの説《せつ》があるが、有名《ゆうめい》なのが、

「夜《よる》、ナイフやハサミのような刃物《はもの》を用意《ようい》し、鏡《かがみ》の前《まえ》で『ヴェロニカ』という名前《なまえ》を4~9回《かい》繰《く》り返《かえ》し唱《とな》える」

というものだ。

すると、ヴェロニカが現《あらわ》れ、呼《よ》び出《だ》してくれた人《ひと》の質問《しつもん》に、何《なん》でも答《こた》えてくれる。

しかし場合《ばあい》によっては、用意《ようい》された刃物《はもの》を使《つか》って、呼《よ》び出《だ》した人《ひと》を殺《ころ》してしまうのだという。

このヴェロニカの正体《しょうたい》だが、

「10代《だい》の頃《ころ》に殺《ころ》された女《おんな》の子《こ》だ」

と言《い》う人《ひと》もいるし、

「悪魔《あくま》の娘《むすめ》だ」

と、ウワサする人《ひと》もいる。

「もしかしたら殺《ころ》されるかもしれないのに、幽霊《ゆうれい》を呼《よ》び出《だ》すなんてバカバカしい」

と、思《おも》う人《ひと》もいるだろう。

それでも、スペインの小中学生《しょうちゅうがくせい》は、恐《こわ》いもの見《み》たさでヴェロニカを呼《よ》び出《だ》してみるのだという。

✦現《あらわ》れたヴェロニカ✦

こんな話《はなし》がある。

アナは14歳《さい》の女《おんな》の子《こ》だ。

ある日学校《ひがっこう》で、「ヴェロニカ」の話題《わだい》になり、友達《ともだち》の一人《ひとり》がアナに、

「あなたこういう話好《はなしす》きでしょ？　でも絶《ぜっ》対《たい》に、やっちゃダメよ」

と、注意《ちゅうい》した。しかし、そう言《い》われるとやりたくなるのがアナだ。

「こんな話《はなし》をされて、おじけづく私《わたし》じゃないわ」

なんとその夜《よる》、アナは本当《ほんとう》にこの「ヴェロニカ」の儀式《ぎしき》を家《いえ》でやってみたのだ。

ところが、何度《なんど》呼《よ》んでもヴェロニカは現《あらわ》れず、何《なに》も起《お》こらなかった。

「なーんだ」

と、少《すこ》しがっかりしつつも、アナはベッ

ドに行き《い》、そのまま眠《ねむ》ってしまった。
本当《ほんとう》の悪夢《あくむ》はその後《あと》だった。
真夜中《まよなか》、アナの部屋《へや》でピシッパシッと
いう大《おお》きな音《おと》がし始《はじ》めたのだ。
アナは飛《と》び起《お》きて、部屋《へや》の電気《でんき》をつけ
た。部屋《へや》にはアナしかいない。しかし、音《おと》
は鳴《な》り続《つづ》ける。
アナはそのまま、一晩中眠《ひとばんじゅうねむ》れなかった。
翌朝《よくあさ》、日《ひ》が昇《のぼ》ると、音《おと》は消《き》えた。
アナは、
「怖《こわ》いな。大丈夫《だいじょうぶ》かな」
と思《おも》いつつも、顔《かお》を洗《あら》うために、前《まえ》の晩《ばん》
「ヴェロニカ」の儀式《ぎしき》をしたバスルームに
向《む》かった。
鏡《かがみ》を見《み》ると、うっすらと曇《くも》っていた。
よくよく見《み》ると、アナの背後《はいご》に、血《ち》まみ
れの女《おんな》の子《こ》が立《た》っていた。
「え？」
アナは鏡《かがみ》をぬぐった。キレイになった鏡《かがみ》
を見《み》ると、誰《だれ》もいない。
「よかった」
しかし、しばらくすると鏡《かがみ》に文字《もじ》がうか
びあがってきた。
「私《わたし》はヴェロニカ。あなたは、私《わたし》を
呼《よ》び出《だ》すべきではない」

アナはそのまま、気絶《きぜつ》した。

ドイツ

合理主義《ごうりしゅぎ》とされるドイツ人《じん》の多《おお》くは、
幽霊《ゆうれい》を全《まった》くといっていいほど信《しん》じていない。
しかし、悲劇《ひげき》の舞台《ぶたい》になった古城《こじょう》も多《おお》く、
不可思議《ふかしぎ》な現象《げんしょう》が語《かた》りつがれている。

フランケンシュタイン城《じょう》の秘密《ひみつ》

ドイツ南西部《なんせいぶ》にある町《まち》ダルムシュタットは、「科学《かがく》の街《まち》」と称《しょう》されるほど、学術都市《がくじゅつと》《し》として有名《ゆうめい》だ。

このダルムシュタットから5キロほど南《みなみ》に、小説《しょうせつ》『フランケンシュタイン』で有名《ゆうめい》な「フランケンシュタイン城《じょう》」が建《た》っている。

このお城《しろ》に実際《じっさい》に怪物《かいぶつ》・フランケンシュタインがいたわけではない。しかし、こんな幽霊《ゆうれい》の伝説《でんせつ》が残《のこ》されている。

✦最後《さいご》のフランケンシュタイン✦

フランケンシュタイン城《じょう》の歴史《れきし》は古《ふる》く、13世紀《せいき》ごろからフランケンシュタイン家《け》によって、住《す》み継《つ》がれてきた。

ところが1600年代《ねんだい》、突然途絶《とつぜんとだ》えてしまう。

フランケンシュタイン家《け》、最後《さいご》の相続人《そうぞくにん》となった男性《だんせい》が、恋人《こいびと》の女性《じょせい》のところへ行《い》く途中《とちゅう》に馬車《ばしゃ》の事故《じこ》で死《し》んでしまったからだ。

男性《だんせい》が亡《な》くなったことを知《し》らない女性《じょせい》は、**いつまでも男性《だんせい》を待《ま》ち続《つづ》けた。**そして心《こころ》が壊《こわ》れ、亡《な》くなってしまった。

この女性《じょせい》が、**幽霊《ゆうれい》となった今《いま》でも男性《だんせい》を探《さが》し、城《しろ》をさまよっているのだという。**

✦小説《しょうせつ》のモデルになった錬金術師《れんきんじゅつし》✦

さて、怪物《かいぶつ》・フランケンシュタインにまつわる話《はなし》は、ここからだ。

フランケンシュタイン家《け》がとだえた後《あと》、このお城《しろ》を継《つ》いだのは、ヨハン・コンラート・ディッペルという人物《じんぶつ》だった。

彼《かれ》は、錬金術師《れんきんじゅつし》だった。

——錬金術《れんきんじゅつ》。その名《な》の通《とお》り、「金《きん》」を生《う》み

出《だ》す術《じゅつ》である。

中世《ちゅうせい》のヨーロッパには、鉛《なまり》やスズのような手《て》に入《はい》りやすい金属《きんぞく》を、科学《かがく》を用《もち》いて高価《こうか》な金《きん》に変《か》え、お金《かね》をもうけようとする「錬金術師《れんきんじゅつし》」がどの国《くに》にもいた。

バカバカしいと思《おも》われるかもしれない。

しかし、これらの研究《けんきゅう》がきっかけで発見《はっけん》された化学物質《かがくぶっしつ》や化合物《かごうぶつ》も、実《じつ》は数多《かずおお》くあるのだ。

さて、彼《かれ》ら錬金術師《れんきんじゅつし》の中《なか》には、「金《きん》」だけでなく、「人間《にんげん》」を科学的《かがくてき》に生《う》み出《だ》そうとする人《ひと》たちもいた。

ディッペルもその一人《ひとり》だった。


ディッペルは何度《なんど》かドロボウの罪《つみ》で捕《つか》まっているが、盗《ぬす》んだものは死体《したい》だ。

死体《したい》を生《い》き返《かえ》らせようと、怪《あや》しげな実験《じっけん》をしたり、死体《したい》と死体《したい》を組《く》み合《あ》わせる手術《しゅじゅつ》を行《おこな》ったりしたとも言《い》われている。

このディッペルをモデルにして書《か》かれたのが、小説《しょうせつ》『フランケンシュタイン』というわけだ。

ちなみに、ディッペルはその後処刑《ごしょけい》されたという。このディッペルの霊《れい》も城《しろ》に現《あらわ》れると言《い》われている。

なんとも恐《おそ》ろしい話《はなし》だが、ドイツの人《ひと》た

ちは割《わり》と楽《たの》しんでいるようだ。
1970年代《ねんだい》から城《しろ》ではドイツ最大《さいだい》のハロウィンパーティーが開《ひら》かれているそうで、世界中《せかいじゅう》から約《やく》1万《まん》5千人《せんにん》もの人《ひと》が訪《おとず》れ、悪魔《あくま》や吸血鬼《きゅうけつき》、お化《ば》け、フランケンシュタインの姿《すがた》に仮装《かそう》をして『恐怖《きょうふ》の夜《よる》』を楽《たの》しむという。
ただ、14歳未満《さいみまん》の子《こ》どもは絶対《ぜったい》に入《はい》ってはいけないと言《い》われているエリアもあるそうで、決《けっ》して「楽《たの》しいだけ」の場所《ばしょ》ではなさそうだ。

お城《しろ》を守《まも》る小《ちい》さな妖精《ようせい》

シュヴェリーン城《じょう》は、ドイツ北東部《ほくとうぶ》にある州《しゅう》の州都《しゅうと》にあるお城《しろ》だ。「湖上《こじょう》の宝石《ほうせき》」と称《しょう》されるほど美《うつく》しく、世界中《せかいじゅう》から観光客《かんこうきゃく》が訪《おとず》れる。

まるで、おとぎ話《ばなし》に登場《とうじょう》するようなお城《しろ》だが、しばしば不可思議《ふかしぎ》な現象《げんしょう》が起《お》こるという。

有名《ゆうめい》なのが、「小人《こびと》のペーター」と呼《よ》ばれる、妖精《ようせい》にまつわるものだ。

この「小人《こびと》のペーター」については、1747年《ねん》に書《か》かれた、こんな記録《きろく》があり、興味深《きょうみぶか》い。

「シュヴェリーン城《じょう》で、小《ちい》さな男性《だんせい》の妖精《ようせい》(小人《こびと》のペーター)を見《み》た人《ひと》は多《おお》い。身長《しんちょう》は数十《すうじっ》センチくらいで、顔《かお》にはシワがあり、胸《むね》にまで届《とど》く長《なが》さのヒゲがある。髪《かみ》は灰色《はいいろ》で肩《かた》まである。首《くび》の周《まわ》りに白《しろ》い襟《えり》があるフリルのついた緑色《みどりいろ》のコートを着《き》ていて、大《おお》きな羽根帽子《はねぼうし》をかぶり、ランタンを

持《も》ち、剣《けん》をたずさえている」

と。そして幽霊《ゆうれい》というよりも、お城《しろ》を守《まも》ってくれるような存在《そんざい》なのだという。

事実《じじつ》、お城《しろ》を警備《けいび》する兵士《へいし》に対《たい》しては、はげましの言葉《ことば》をかけたり、手助《てだす》けをしたりするなど友好的《ゆうこうてき》だ。

しかし、ドロボウなど怪《あや》しげな人《ひと》たちを見《み》ると怒《おこ》り、罰《ばっ》すると言《い》われている。

✦ペーターはお城《しろ》の守《まも》り神《がみ》？✦

そのため、シュヴェリーンに住《す》む人《ひと》たちは、しばしばこのペーターを絵画《かいが》や彫刻《ちょうこく》のモチーフにしたようだ。

城《しろ》の廊下《ろうか》には、今《いま》でもペーターの絵画《かいが》が飾《かざ》られ、中庭《なかにわ》には彫刻《ちょうこく》が置《お》かれている。

さて、「敵《てき》からの侵略《しんりゃく》」の危険性《きけんせい》がなくなった今《いま》では、ペーターの姿《すがた》そのものは見《み》られていないようだ。

しかし夜《よる》、誰《だれ》もいないはずなのに、パトロールをしているかのように、窓《まど》からちらつく光《ひかり》が見《み》えることがあるという。

チェコ

魔術《まじゅつ》で動《うご》く巨大泥人形《きょだいどろにんぎょう》ゴーレム伝説《でんせつ》が残《のこ》るチェコの首都《しゅと》プラハは、「魔都《まと》」という異名《いみょう》を持《も》つ。かつて、魔術師《まじゅつし》が多《おお》く存在《そんざい》したこともあり、霊魂《れいこん》を感《かん》じさせるスポットも多《おお》い。

セドレツ納骨堂《のうこつどう》の怪《かい》

チェコの中央《ちゅうおう》に位置《いち》する、中央《ちゅうおう》ボヘミア州《しゅう》は、チェコ最大《さいだい》の州《しゅう》だ。

この州《しゅう》の東側《ひがしがわ》にある街《まち》、セドレツに世界《せかい》的《てき》に有名《ゆうめい》な納骨堂《のうこつどう》、「セドレツ納骨堂《のうこつどう》」が存在《そんざい》する。

さて、キリスト教《きょう》には、「世界《せかい》の終《お》わりが来《く》ると、人《ひと》はみんな一度《いちど》死《し》に、復活《ふっかつ》する」という「終末思想《しゅうまつしそう》」と呼《よ》ばれる教《おし》えがある。この教《おし》えによると、復活《ふっかつ》をするためには、肉体《にくたい》が必要《ひつよう》なのだという。

そのため、キリスト教徒《きょうと》が多《おお》い国《くに》では、人《ひと》が死《し》ぬと土葬《どそう》されるのが一般的《いっぱんてき》だ。

現在《げんざい》は、火葬《かそう》する国《くに》もかなり増《ふ》えてはきたが、「ほぼ100パーセントが火葬《かそう》」という日本《にっぽん》のような国《くに》は、世界的《せかいてき》にはまだまだ非常《ひじょう》に珍《めずら》しいため、日本《にっぽん》のお葬式《そうしき》に参列《さんれつ》して、

「死体《したい》を焼《や》いて、灰《はい》にするなんて！」

と、驚《おどろ》く外国人《がいこくじん》は少《すく》なくない。

こうした「復活思想《ふっかつしそう》」を持《も》つ宗教《しゅうきょう》は少《すく》なくないため、フランスの「カタコンブ・ド・パリ」ほどの数《かず》や大《おお》きさではないにしろ、世界《せかい》にはあちこちに納骨堂《のうこつどう》が存在《そんざい》する。

その中《なか》でも、セドレッツ納骨堂《のうこつどう》は、

「全《すべ》てが異常《いじょう》」

といわれるくらい、恐《おそ》ろしい雰囲気《ふんいき》を持《も》っている。

✦人骨《じんこつ》で作《つく》った芸術品《げいじゅつひん》たち✦

セドレッツ納骨堂《のうこつどう》が作《つく》られたのは、15世紀《せいき》ごろだといわれている。

ある修道院長《しゅうどういんちょう》が、キリスト教《きょう》の聖地《せいち》・エ

ルサレムから一握《ひとにぎ》りの土《つち》を持《も》ち帰《かえ》り、この地《ち》にまいたのがきっかけで、

「セドレッツで埋葬《まいそう》されたい！」

と、人気《にんき》の埋葬地《まいそうち》になっていた。

チェコだけでなく、ドイツ、ポーランド、ベルギーからも死者《ししゃ》の骨《ほね》が持《も》ち込《こ》まれたほどだったという。

当初《とうしょ》は、骨《ほね》が安置《あんち》される、ただの納骨堂《のうこつどう》だった。

しかし19世紀《せいき》になり、シュヴァルツェンベルク家《け》が教会《きょうかい》の後見人《こうけんにん》になると、様子《ようす》が変《か》わってきた。なんと、シュヴァルツェンベルク家《け》の当主《とうしゅ》が、

「このあふれかえる骨《ほね》たちを使《つか》って、何《なに》か作品《さくひん》を作《つく》ってくれ」

と、言《い》い出《だ》したのだ。

こうして4万体以上《まんたいいじょう》の骨《ほね》の内《うち》、約《やく》1万《まん》体《たい》の骨《ほね》を使《つか》った巨大《きょだい》なピラミッド、シャンデリア、聖杯《せいはい》、紋章《もんしょう》などが制作《せいさく》された。

セドレッツ納骨堂《のうこつどう》のシャンデリア

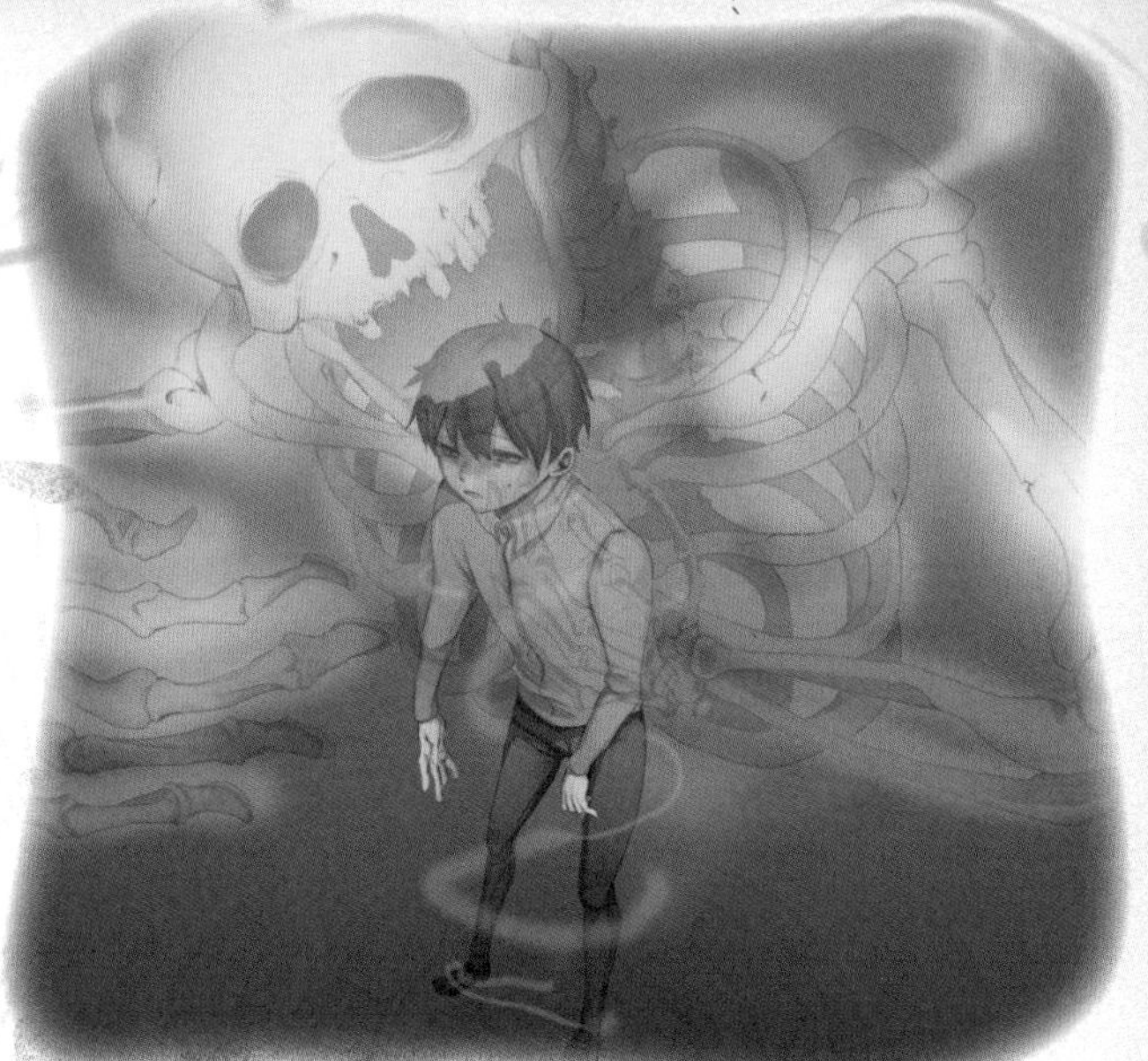

これらは、どれも一級《いっきゅう》の芸術品《げいじゅつひん》だ。

しかし、作品《さくひん》を作《つく》るためのただの素材《そざい》であるかのように積《つ》み重《かさ》ねられた骨《ほね》を見《み》ているうちに、誰《だれ》もが、

「自分《じぶん》はこんなところにいていいのか」

と、罪悪感《ざいあくかん》が湧《わ》いてくるのだそうだ。

そのせいか、

「セドレツ納骨堂《のうこつどう》に行《い》った後《あと》、熱《ねつ》が出《で》た」

という人《ひと》がいたり、

「夜《よる》、セドレツ納骨堂《のうこつどう》の中《なか》に入《はい》ると、何《なん》らかの超常現象《ちょうじょうげんしょう》に出会《であ》う」

というウワサも、まことしやかにささやかれている。

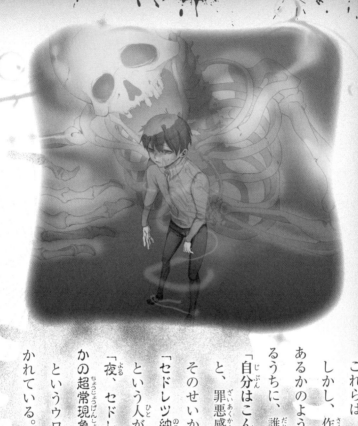

自《じ》殺《さつ》者《しゃ》の多《おお》い橋《はし》

どの国《くに》にも「自《じ》殺《さつ》の名所《めいしょ》」があるが、チェコのプラハにあるヌセルスキー橋《ばし》もその一《ひと》つだ。

驚《おどろ》くべきはその死者《ししゃ》の数《かず》だ。これまでにヌセルスキー橋《ばし》から飛《と》び降《お》り、命《いのち》を落《お》とした人《ひと》は、300人《にん》にものぼる。ヌセルスキー橋《ばし》の高《たか》さは約《やく》42メートル。

自《じ》殺《さつ》に興味《きょうみ》がある人《ひと》がのぞきこむと、

「飛《と》び降《お》りたい」

という気持《きも》ちに勝《か》てなくなるという。たとえば、ある若者《わかもの》が、この橋《はし》で自殺《じさつ》をした。橋《はし》の上《うえ》から飛《と》んだ場所《ばしょ》には、ロールパンやミルクなどが入《はい》ったショッピングバッグが置《お》かれていた。

「自殺《じさつ》をする人《ひと》が、数日分《すうじつぶん》の食《た》べ物《もの》を買《か》うのだろうか？」

人々《ひとびと》は、この橋《はし》にいる幽霊《ゆうれい》に呼《よ》ばれたのではないかと、ウワサしあった。

事実《じじつ》、霊感《れいかん》が強《つよ》い人《ひと》は、

「橋《はし》から飛《と》び降《お》りてみて！」

と、ささやく声《こえ》を聞《き》いたことがあるという。また、

「ヌセルスキー橋《ばし》の下《した》で幽霊《ゆうれい》を見《み》た」

「橋《はし》の近《ちか》くにうらめしそうな顔《かお》をした幽霊《ゆうれい》が現《あらわ》れる」

という人《ひと》もいる。

✦人柱《ひとばしら》が自殺《じさつ》の原因《げんいん》？✦

さて、ヌセルスキー橋《ばし》にまつわるもう一《ひと》つ怖《こわ》いウワサが、

「そもそも橋《はし》に、悪霊《あくりょう》が取《と》り憑《つ》いている」

というものだ。

橋《はし》を建《た》てるときに、工事《こうじ》スタッフの一人《ひとり》が、空洞《くうどう》になった柱《はしら》の中《なか》に落《お》ちてしまった。

しかし、助《たす》け出《だ》そうにも難《むずか》しく、生《い》きている風《ふう》にも見《み》えなかったため、その工事《こうじ》スタッフは、そのまま柱《はしら》の中《なか》に埋《う》めこまれたのだという。

「それ以来《いらい》、橋《はし》には呪《のろ》いがかかった」

と、言《い》い伝《つた》える人《ひと》は多《おお》い。

そもそも「橋《はし》」自体《じたい》が、

「川《かわ》という、清涼《せいりょう》なエネルギーの流《なが》れを横《よこ》切《ぎ》る、不吉《ふきつ》なもの」

で、どうしても自殺者《じさつしゃ》を生《う》み出《だ》しやすい場所《ばしょ》なのだという説《せつ》もある。

さて、このヌセルスキー橋《ばし》だが、現在《げんざい》はすべりやすいカバーがとりつけられたため、飛《と》び降《お》りることができない。

元々《もともと》高《たか》さ1メートルの柵《さく》があり、次《つぎ》に柵《さく》の下《した》に幅《はば》1・5メートルのネットをつけ、更《さら》に柵《さく》の高《たか》さを2・7メートルに……というように、対策《たいさく》はしていたようだ。それでも自殺者《じさつしゃ》が出《で》ていたという。

何《なに》が人《ひと》を橋《はし》の下《した》へひき付《つ》けるのか。今《いま》も謎《なぞ》のままだ。

ルーマニア

他国《たこく》の侵略《しんりゃく》にさらされてきた歴史《れきし》もあり、ルーマニアの怖《こわ》いウワサのスポットは、血《ち》みどろなものが多《おお》い。そのためか、スリルを求《もと》め、世界中《せかいじゅう》から観光客《かんこうきゃく》が集《あつ》まる。

串刺《くしざ》し公《こう》、ヴラド3世《せい》

「ドラキュラ」のモデルは、ヴラド・ツェペシュという人物《じんぶつ》だ。ヴラド・ツェペシュの出身地《しゅっしんち》は、シギショアラという、ブラショフから北《きた》へ100キロほど離《はな》れた場所《ばしょ》だ。

この地《ち》はツェペシュの父親《ちちおや》によって統治《とうち》されていたが、ツェペシュはトルコ軍《ぐん》に、父《ちち》と弟《おとうと》と一緒《いっしょ》に人質《ひとじち》として捕《つか》まってしまった。その後《ご》、父《ちち》と兄《あに》が地元《じもと》の貴族《きぞく》に暗殺《あんさつ》されてしまい、ツェペシュが、ヴラド3世《せい》として跡《あと》を継《つ》いだ。

しかし、「国《くに》を守《まも》るため」とはいえ、きわめて残虐《ざんぎゃく》に「敵《てき》」を殺《ころ》し続《つづ》けた。

✦そして、串刺《くしざ》し公《こう》へ……✦

たとえばヴラド3世《せい》は、自分《じぶん》の敵《てき》になりそうな地元《じもと》の貴族《きぞく》を、500人以上城《にんいじょうしろ》に呼《よ》び集《あつ》め、大宴会《だいえんかい》を開《ひら》いた。

そして、宴会《えんかい》が盛《も》り上《あ》がりを見《み》せた頃《ころ》、こっそり兵士《へいし》を呼《よ》び、全員《ぜんいん》を捕《つか》まえて処刑《しょけい》した。処刑《しょけい》の方法《ほうほう》は、生《い》きたまま、お尻《しり》の穴《あな》から油《あぶら》をぬった木《き》の杭《くい》を内臓《ないぞう》まで突《つ》き刺《さ》し、その杭《くい》を地面《じめん》に立《た》てるというもの。

この方法《ほうほう》は、すぐには死《し》なない。木《き》の杭《くい》は生《い》きたまま、自分《じぶん》の体重《たいじゅう》の重《おも》さでひたすらゆっくりと、体《からだ》の中《なか》を貫通《かんつう》していく。

杭《くい》は、口《くち》から飛《と》び出《で》ることを目標《もくひょう》にされたが首《くび》、肩《かた》、背中《せなか》から出《で》てくることもあった。いずれにせよ、この刑《けい》に処《しょ》された人《ひと》は、死《し》ぬまで叫《さけ》び続《つづ》けたという。

また、死《し》んだ後《あと》は放置《ほうち》されたため、野生《やせい》動物《どうぶつ》のえじきになるなど、むごたらしい姿《すがた》が人目《ひとめ》にさらされた。

この方法《ほうほう》は、ヴラド3世《せい》が最《もっと》も好《この》む処刑《しょけい》方法《ほうほう》で、敵国《てきこく》の兵士《へいし》も同《おな》じ目《め》にあった。

また、生《い》きたまま皮《かわ》をはいだり、肉《にく》を削《そ》いだり、火《ひ》であぶり焼《や》くという処刑方法《しょけいほうほう》も好《この》んだ。処刑《しょけい》した人《ひと》の血《ち》を飲《の》むこともあったという。

さらには、自分《じぶん》が治《おさ》めていた土地《とち》の浮浪者《ふろうしゃ》を古《ふる》いお城《しろ》に集《あつ》め、お酒《さけ》や食《た》べものをたっぷり与《あた》えている最中《さいちゅう》に火《ひ》を放《はな》ち、全員《ぜんいん》を丸焼《まるや》きにもした。

彼《かれ》が殺《ころ》した人間《にんげん》は、統治《とうち》していたわずか6年間《ねんかん》で10万人《まんにん》を超《こ》えたという。

もちろん、敵国《てきこく》の人々《ひとびと》はヴラド3世《せい》を非常《ひじょう》に恐《おそ》れた。

しかし、裏《うら》を返《かえ》すと、ヴラド3世《せい》の領地《りょうち》

の人々《ひとびと》にとっては、自分《じぶん》たちを守《まも》ってくれる、心強《こころづよ》い領主《りょうしゅ》だとも言《い》える。

実際《じっさい》、ルーマニア国民《こくみん》の中《なか》には、ヴラド3世《せい》を酷《ひど》く言《い》われることを好《この》まない人《ひと》もいるという。

✦ヴラド3世《せい》の霊《れい》が出《で》る?✦

さて、トランシルヴァニア地方西部《ちほうせいぶ》に、フネドアラという町《まち》がある。

この地《ち》にある、フネドアラ城《じょう》に、ヴラド3世《せい》の**幽霊**《ゆうれい》が出《で》ると言《い》われている。

ヴラド3世《せい》は死《し》ぬまでの間《あいだ》、フネドアラ城《じょう》に7年間《ねんかん》、投獄《とうごく》されていたと言《い》われているからだ。

ヴラド3世《せい》は激《はげ》しい拷問《ごうもん》を受《う》けたと言《い》われており、今《いま》でも、その幽霊《ゆうれい》が現《あらわ》れるという。

また、フネドアラ城《じょう》では、白《しろ》いドレスを着《き》た血《ち》まみれの女性《じょせい》の幽霊《ゆうれい》が出《で》ることでも有名《ゆうめい》だ。

幽霊《ゆうれい》の正体《しょうたい》は、かつての城主《じょうしゅ》の娘《むすめ》だ。娘《むすめ》は身分《みぶん》の低《ひく》い男性《だんせい》と恋《こい》をした。

怒《おこ》った城主《じょうしゅ》は、娘《むすめ》を柱《はしら》に縛《しば》り付《つ》け、頭《あたま》をクギでうち抜《ぬ》いて殺《ころ》したのだという。

ブカレストのホラー伝説《でんせつ》

ルーマニア南東部《なんとうぶ》に位置《いち》するブカレストは、ルーマニアの首都《しゅと》で、最《もっと》も大《おお》きな都市《とし》だ。そのため、大都市《だいとし》にありがちな「怖《こわ》いウワサ」も数多《かずおお》くある。

中《なか》でも恐《おそ》れられているのが、ブカレスト旧市街《きゅうしがい》にあるフランス街《がい》の13番《ばん》ビルのウワサだ。

13番《ばん》ビルは、かつて孤児院《こじいん》として利用《りよう》されていた。

この孤児院《こじいん》では、多《おお》くの孤児《こじ》たちが極悪《ごくあく》なオーナーたちに、酷《ひど》い目《め》にあわされてきた。

暴力《ぼうりょく》ももちろん恐《おそ》ろしいが、最《もっと》も酷《ひど》いのが、「飢《う》えの苦《くる》しみ」を与《あた》えるというものだ。子《こ》どもたちは、食《た》べ物《もの》も飲《の》み物《もの》もほとんど与《あた》えられず、いつもお腹《なか》をすかせていた。

そんな悲鳴《ひめい》を、孤児院《こじいん》の職員《しょくいん》たちは楽《たの》しんだというのだ。このむごい扱《あつか》いによって、なんと203人《にん》もの子《こ》どもが命《いのち》を落《お》とした。
そんな彼《かれ》らの幽霊《ゆうれい》は満月《まんげつ》のある夜《よる》になると、現《あらわ》れる。
真夜中《まよなか》、このビルの近《ちか》くを通《とお》ると、

「お腹《なか》すいたよー」

「水《みず》を飲《の》ませて！」

という、小《ちい》さい子《こ》どもたちの霊《れい》の、小《ちい》さな叫《さけ》び声《ごえ》が聞《き》こえてくるのだという。

◆ホテルから聞《き》こえる叫《さけ》び声《ごえ》◆

叫《さけ》び声《ごえ》と言《い》えば、ブカレストにはこんな怖《こわ》いウワサもある。
ブカレストの中心部《ちゅうしんぶ》にある「チシュミジウ・ホテル」は、人気《にんき》の高《たか》いホテルだ。
しかし、夜《よる》になると、「幽霊《ゆうれい》の叫《さけ》び声《ごえ》が聞《き》こえる」というウワサがある。
ホテルが建《た》てられた頃《ころ》は、「ホテル・ペールス」という名前《なまえ》だったが、1970年《ねん》に

閉鎖《へいさ》。1989年《ねん》に「ルーマニア革命《かくめい》」が起《お》こると、便利《べんり》な場所《ばしょ》にあったこともあり、建物《たてもの》は映画館《えいがかん》、学生寮《がくせいりょう》と、様々《さまざま》な用途《ようと》で利《り》用《よう》された。

さて、ウワサによると、学生寮時代《がくせいりょうじだい》、この建物内《たてものない》のエレベーターが壊《こわ》れたことがあった。

この時《とき》、なんと女子学生《じょしがくせい》がエレベーターの下敷《したじ》きになってしまった。

女子学生《じょしがくせい》はすぐに死《し》ぬことはなく、3時《じ》間以上《かんいじょう》も生《い》きた。その間《あいだ》、

「痛《いた》いー！　助《たす》けてー！」

と、叫《さけ》び声《ごえ》をあげ続《つづ》けたという。しかし、誰《だれ》にも発見《はっけん》されることはなく、無念《むねん》の思《おも》いを残《のこ》して死《し》んだ。

そのため、チシュミジウ・ホテルの前《まえ》を通《とお》ると、たまに女子学生《じょしがくせい》の恐《おそ》ろしい叫《さけ》び声《ごえ》が聞《き》こえるのだという。

花嫁《はなよめ》の霊《れい》が出《で》る、森《もり》

ルーマニアの中南部《ちゅうなんぶ》にある、アルジェシュ県《けん》のピテシュティには「トリヴァレの森《もり》」と呼《よ》ばれる美《うつく》しく広大《こうだい》な森《もり》がある。

街《まち》のシンボルの一《ひと》つで、その美《うつく》しさから大勢《おおぜい》の市民《しみん》に愛《あい》されているが、3つの恐《おそ》ろしい話《はなし》が言《い》い伝《つた》えられている。

その一《ひと》つが、森《もり》に出《で》る、首《くび》のない花嫁《はなよめ》の幽霊《ゆうれい》にまつわるものだ。

◆森《もり》の死者《ししゃ》の花嫁《はなよめ》◆

昔《むかし》、この街《まち》に、ある女《おんな》の人《ひと》がいた。その女《おんな》の人《ひと》にはこっそり付《つ》き合《あ》っている男《おとこ》の人《ひと》がいた。

というのは、男《おとこ》の人《ひと》の家《いえ》は大変貧《たいへんまず》しく、父親《ちちおや》から交際《こうさい》を反対《はんたい》されていたからだ。

さらに、その女《おんな》の人《ひと》の父親《ちちおや》は、娘《むすめ》を知《し》り合《あ》いのお金持《かねも》ちと結婚《けっこん》させようと考《かんが》えていた。

もちろん、女《おんな》の人《ひと》は激《はげ》しく嫌《いや》がった。

ところが父親《ちちおや》は、勝手《かって》に結婚式《けっこんしき》の日《ひ》にちまで決《き》めてしまった。

結婚式《けっこんしき》の日《ひ》、彼女《かのじょ》は花嫁姿《はなよめすがた》のまま彼氏《かれし》と一緒《いっしょ》に逃《に》げた。

もちろん父親《ちちおや》は怒《おこ》り、必死《ひっし》になって逃《に》げた娘《むすめ》をさがした。

そして、ついに見《み》つけ出《だ》し、娘《むすめ》の前《まえ》で恋《こい》人《びと》の男《おとこ》を殺《ころ》した。

続《つづ》いて、娘《むすめ》の首《くび》を切《き》り落《お》とした。

それからというもの、この公園《こうえん》の森《もり》に、首《くび》のない花嫁姿《はなよめすがた》の幽霊《ゆうれい》が現《あらわ》れるという。

現《あらわ》れるのはたいてい、夜《よる》。まだ結婚《けっこん》していないカップルの前《まえ》で、5秒《びょう》ほど現《あらわ》れ、消《き》えるのだそうだ。

また、静《しず》かな夜《よる》には、森《もり》の中《なか》を吹《ふ》き荒《あ》れる風《かぜ》にのって、女《おんな》の人《ひと》の嘆《なげ》き声《ごえ》が聞《き》こえてくることもあるという。

✦花嫁《はなよめ》の幽霊《ゆうれい》の指輪《ゆびわ》✦

二《ふた》つ目《め》の怖《こわ》い話《はなし》も、花嫁《はなよめ》にまつわる話《はなし》だ。

あるタクシー運転手《うんてんしゅ》が、トリヴァレの森《もり》の近《ちか》くで花嫁姿《はなよめすがた》の女性《じょせい》をタクシーに乗《の》せた。女性《じょせい》が示《しめ》した住所《じゅうしょ》は、「幽霊《ゆうれい》が出《で》る」と有名《ゆうめい》な家《いえ》だった。

イヤだなあと思《おも》いつつも、運転手《うんてんしゅ》は女性《じょせい》を目的地《もくてきち》まで運《はこ》んだ。しかし、女性《じょせい》は、

「お金《かね》が足《た》りない」

という。女性《じょせい》は自分《じぶん》の指《ゆび》につけていた結《けっ》婚指輪《こんゆびわ》をはずし、ハンカチに入《い》れると、

「お金《かね》を持《も》ってくるので、待《ま》っていて」

と、運転手《うんてんしゅ》に渡《わた》した。

その瞬間《しゅんかん》、運転手《うんてんしゅ》は急《きゅう》に眠《ねむ》くなり、そのまま寝《ね》てしまった。

運転手《うんてんしゅ》が眠《ねむ》りから覚《さ》めると、なんとタクシーはいつの間《ま》にかトリヴァレの森《もり》の近《ちか》くを走《はし》っていた。

「何《なに》があったんだ⁉」

と、慌《あわ》ててすぐに道路《どうろ》の端《はし》に車《くるま》を寄《よ》せて、周《まわ》りの人《ひと》に、今《いま》さっき、自分《じぶん》の身《み》に起《お》きたことを話《はな》した。

すると、実《じつ》は10年前《ねんまえ》、自分《じぶん》がタクシーに乗《の》せた場所《ばしょ》の近《ちか》くで、若《わか》い花嫁《はなよめ》が自殺《じさつ》をしていたことが分《わ》かった。

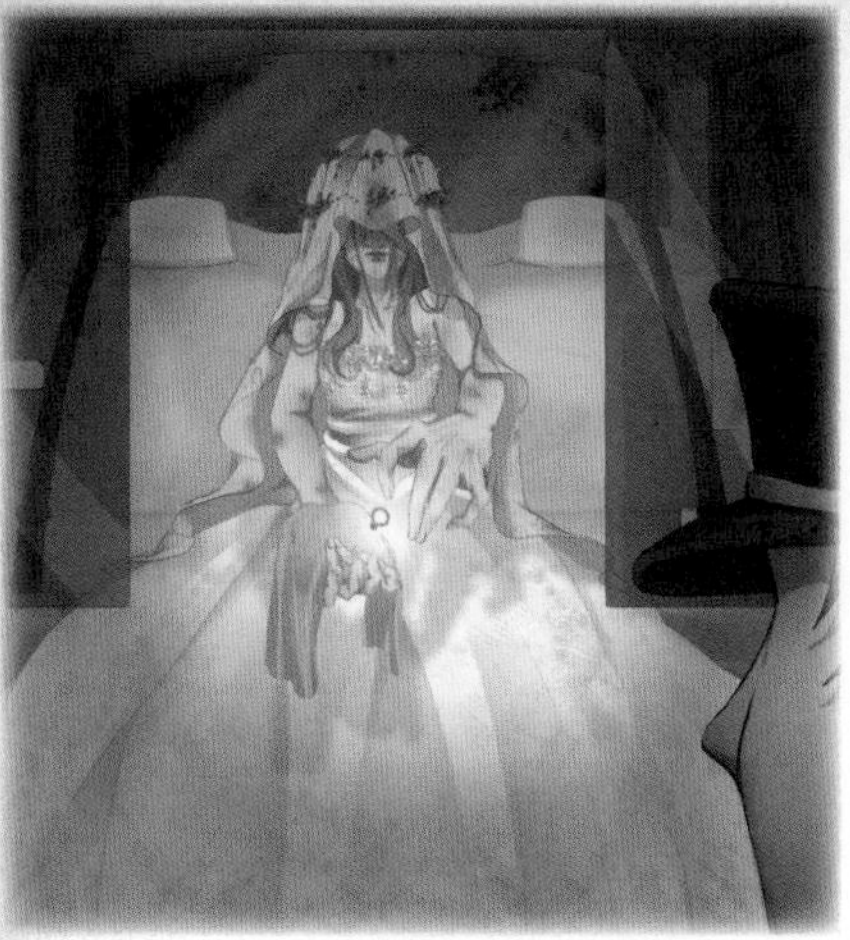

この花嫁《はなよめ》は、結婚式《けっこんしき》の日《ひ》、相手《あいて》の男性《だんせい》を交通事故《こうつうじこ》で亡《な》くしていた。あまりの哀《かな》しさから、トリヴァレの森《もり》の中《なか》で、自殺《じさつ》をしたのだという。

タクシーの運転手《うんてんしゅ》が、ほんの数分前《すうふんまえ》、女性《じょせい》からもらった結婚指輪《けっこんゆびわ》を探《さが》すと…手《て》には、ボロボロになった指輪《ゆびわ》の跡《あと》があった。

✦血《ち》まみれの儀式《ぎしき》✦

三《みっ》つ目《め》は、悪魔《あくま》の儀式《ぎしき》にまつわる怖《こわ》いウワサだ。

森《もり》の中《なか》にある、「ピエテウス・プレス」という、破壊《はかい》されてしまった廃墟《はいきょ》のような建物《たてもの》の中《なか》で血《ち》まみれの悪魔的《あくまてき》な儀式《ぎしき》が行《おこな》われていた、というものだ。この儀式《ぎしき》で生贄《いけにえ》となって殺《ころ》されてしまった犠牲者《ぎせいしゃ》たちが、幽霊《ゆうれい》になって現《あらわ》れるという。

スウェーデン

スウェーデン人《じん》は5人《にん》に1人《ひとり》が、
幽霊《ゆうれい》の存在《そんざい》を信《しん》じているという。
王妃《おうひ》も「王宮《おうきゅう》で見《み》た」と口《くち》にするほどで、
古城《こじょう》など各地《かくち》に、心霊話《しんれいばなし》が存在《そんざい》する。

気《き》味《み》の悪《わる》い絵画《かいが》

ある狩人《かりゅうど》がいた。

その日《ひ》はめったに来《こ》ない山《やま》に一人《ひとり》でやってきたのだが、歩《ある》いても歩《ある》いても、獣《けもの》の気《け》配《はい》を感《かん》じない。

探《さが》し回《まわ》って山《やま》の中《なか》を分《わ》け入《い》っているうちに、いつの間《ま》にか辺《あた》りが暗《くら》くなり始《はじ》めていることに気《き》がついた。

そして、自分《じぶん》が深《ふか》い森《もり》の真《ま》ん中《なか》にいることにも。

さほど詳《くわ》しくない山《やま》で、真《ま》っ暗闇《くらやみ》を歩《ある》く

となると、確実《かくじつ》に道《みち》に迷《まよ》ってしまう。

狩人《かりゅうど》は、明《あか》るくなるまで休《やす》める場所《ばしょ》を探《さが》すことにした。

しばらく歩《ある》くと、木《き》が少《すく》なくなり、古《ふる》い山小屋《やまごや》が見《み》えてきた。

「誰《だれ》かいるかな。ここで寝《ね》させてもらえるとありがたいが……」

窓《まど》から客室《きゃくしつ》をのぞいてみると、誰《だれ》もいない。ドアに鍵《かぎ》はかかっていない。

そうっと入《はい》ると、寝《ね》るのにちょうどいい古《ふる》いベッドがあった。

疲《つか》れていた狩人《かりゅうど》は迷《まよ》わずベッドに進《すす》むと横《よこ》になった。

目《め》をつぶる瞬間《しゅんかん》、壁《かべ》に気味《きみ》の悪《わる》い大《おお》きな絵画《かいが》が飾《かざ》られているのを見《み》た。何人《なんにん》もの人《ひと》が、ベッドに寝転《ねころ》ぶ狩人《かりゅうど》に向《む》かってにらみつけているような絵《え》だ。

「変《へん》な絵《え》だな」

と、思《おも》っているうちに、いつの間《ま》にか眠《ねむ》ってしまった。

✦絵《え》の正体《しょうたい》は……✦

真夜中《まよなか》、狩人《かりゅうど》は目《め》を覚《さ》ました。

月明《つきあ》かりに照《て》らされた絵《え》を見《み》ると、やはり、狩人《かりゅうど》をにらんでいるように見《み》える。

「この家《うち》の人《ひと》は何《なん》でこんな絵《え》を飾《かざ》ったんだろう。気味《きみ》が悪《わる》い」

と思《おも》いつつも、再《ふたた》び眠《ねむ》りについた。

さて、翌朝《よくあさ》、狩人《かりゅうど》は窓《まど》から差《さ》し込《こ》む光《ひかり》で目《め》を覚《さ》ました。そして、あることに気《き》づき、息《いき》をのんだ。

「あれは絵《え》じゃなかったのか！」

なんと、絵《え》がかかっていた場所《ばしょ》にあったのは、窓《まど》だった。

そう、狩人《かりゅうど》は窓《まど》から顔《かお》をのぞかせた何《なに》者《もの》かに、一晩中《ひとばんじゅう》、にらみつけられていたのだ。

児童小説《じどうしょうせつ》の舞台《ぶたい》の、幽霊《ゆうれい》

スウェーデン南部《なんぶ》にあるスコーネ県《けん》には、「スヴァーネホルム城《じょう》」という、16世《せい》紀《き》に建《た》てられた美《うつく》しいお城《しろ》がある。

スウェーデンの作家《さっか》、セルマ・ラーゲルレーヴの小説《しょうせつ》『ニルスのふしぎな旅《たび》』の舞《ぶ》台《たい》として有名《ゆうめい》で、現在《げんざい》は博物館《はくぶつかん》として利用《りよう》されている。

こちらも気軽《きがる》に利用《りよう》できるが、お城《しろ》には、幽霊《ゆうれい》が出《で》るとウワサされている。

面白《おもしろ》いのが、この幽霊《ゆうれい》に関《かん》する展覧会《てんらんかい》も開《ひら》かれている、という点《てん》だ。

では、どんな幽霊《ゆうれい》なのだろうか。

✦個性豊《こせいゆた》かな幽霊《ゆうれい》たち✦

「出《で》る」とウワサされている幽霊《ゆうれい》たちは、とてもバラエティー豊《ゆた》かだ。

「灰色《はいいろ》の修道士《しゅうどうし》」は、地下室《ちかしつ》の金庫《きんこ》で暗殺《あんさつ》され、壁《かべ》に埋《う》め込《こ》まれたとされる、修道士《しゅうどうし》の幽霊《ゆうれい》だ。

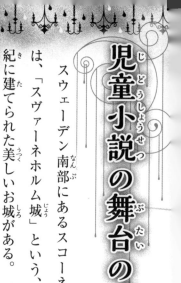

このエピソードを聞《き》くと怖《こわ》そうだが、やさしい幽霊《ゆうれい》で、このお城《しろ》で働《はたら》く人《ひと》たちをサポートしてくれるのだという。

こんな話《はなし》がある。

1960年代《ねんだい》に、女性《じょせい》スタッフが重《おも》いカップをトレイに乗《の》せて、キッチンのある2階《かい》へと階段《かいだん》をのぼっていた。

すると、ふわっとトレイが軽《かる》くなった。不思議《ふしぎ》に思《おも》いつつもキッチンに着《つ》くと、トレイはズシリと元《もと》の重《おも》さに戻《もど》った。

「きっと、灰色《はいいろ》の修道士《しゅうどうし》の霊《れい》が、トレイを支《ささ》えてくれたのだ」

とウワサされている。

「黒《くろ》い婦人《ふじん》」は、恋人《こいびと》に裏切《うらぎ》られた女性《じょせい》の霊《れい》だと言《い》われている。

すぐに隠《かく》れるので、恥《は》ずかしがり屋《や》だと言《い》われているが、目撃件数《もくげきけんすう》は多《おお》く、人気《にんき》が高《たか》い。

そのため、城《しろ》では彼女《かのじょ》のための幽霊展《ゆうれいてん》を開《ひら》くこともあるのだそうだ。

「ホワイト・レディ」は、毎晩《まいばん》0時《じ》から1時《じ》の間《あいだ》、湖《みずうみ》の周《まわ》りを歩《ある》いていると言《い》われる霊《れい》だ。また、お城《しろ》の中《なか》にある、刑務所跡《けいむしょあと》に座《すわ》っている姿《すがた》も見《み》られている。

また、夫《おっと》を殺《ころ》したとされる「美《うつく》しい女性《じょせい》」の霊《れい》や、夜《よる》、人々《ひとびと》を銃撃《じゅうげき》するという

「射手座《いてざ》」と呼《よ》ばれる霊《れい》、ベッドの下《した》に横《よこ》たわり、毛深《けぶか》い腕《うで》を伸《の》ばす「毛《け》むくじゃらの男《おとこ》」と呼《よ》ばれる幽霊《ゆうれい》もいる。

お城《しろ》のスタッフは、

「このお城《しろ》に来《き》て、幽霊《ゆうれい》の存在《そんざい》を信《しん》じるようになった」

と、口々《くちぐち》に語《かた》るのだそうだ。

マンガ／四角《しかく》のふち
死者《ししゃ》のクリスマス
北欧《ほくおう》の国々《くにぐに》にとって
クリスマスは、
1年《ねん》でも特《とく》に大事《だいじ》な
イベントだ
昼《ひる》の3時《じ》には太陽《たいよう》が
沈《しず》んでしまうほど
長《なが》い冬《ふゆ》の夜《よる》
はあ
キラキラとした
飾《かざ》り付《つ》けに
ワクワク
させられるのだろう
はあ
はあ
スウェーデンには、
そんなクリスマスに
まつわる怖《こわ》い話《はなし》がある
急《いそ》がなきゃ
ミサに遅刻《ちこく》
しちゃう…!!!
はあ
クリスマスなのに
寝坊《ねぼう》した〜〜〜

あ！
教会《きょうかい》だ!!
ギイイイ…
もう
始《はじ》まってる…
そ～…

うう…うまってる…
あっ、ひとつだけ空《あ》いてた！
ちょこん
…
そういえばなんか…

今日《きょう》のミサ静《しず》かすぎない…？
しん…
それに
なんだか少《すこ》しカビたような…土《つち》が腐《くさ》ったようなにおいがする…
すん…
司祭様《しさいさま》も見《み》たことない人《ひと》だし…
ブツブツ
…
いつもと何《なに》かが違《ちが》うような…
あのっ…

!!
死《し》んだはずのおばあちゃん!?
ガタッ
どうしてここに…早《はや》く逃《に》げなさい!
あ…
しっ
静《しず》かに
あなたは早《はや》く教会《きょうかい》に来《き》すぎてしまったの
今行《いまおこな》われているのは
死《し》んだ人《ひと》のためのミサよ
え…

もしあなたが生《い》きている人間《にんげん》だとバレたら
ここにいる死者《ししゃ》たちに体《からだ》を引《ひ》き裂《さ》かれてしまうわ
イヤアアア
そんな…
逃《に》げられるわけない…
大丈夫《だいじょうぶ》
ぎゅっ…

扉《とびら》のところまで行《い》ったら今着《いまき》ているコートを後《うし》ろに投《な》げて
走《はし》って逃《に》げるのよ
さあ早《はや》く行《い》きなさい

ザワッ
え…
ゾク…
キッ

パサッ
バタン
ゔっ…
ひうっ…
うっ

—— 2時間後《じかんご》

もし女《おんな》の子《こ》が逃《に》げる時《とき》後《うし》ろにコートを投《な》げつけなかったら…

「死者《ししゃ》たちの餌食《えじき》になっていたのはコートではなく女《おんな》の子《こ》だっただろう」

と話《はなし》を聞《き》いた町《まち》の人《ひと》たちはささやきあったという

ウクライナ

深《ふか》い森《もり》と美《うつく》しい湖沼《こしょう》が多《おお》いウクライナは、
神秘的《しんぴてき》な怖《こわ》い伝説《でんせつ》が多《おお》く持《も》つ。
ロシアの一部《いちぶ》になった時代《じだい》には、
ロシアのホラー文化《ぶんか》にも大《おお》きな影響《えいきょう》を与《あた》えた。

赤《あか》いピアノ

ウクライナを始《はじ》めとする東《ひがし》ヨーロッパでは、夏《なつ》になると子《こ》どもたちはキャンプに出《で》かける。

その時《とき》「怖《こわ》い話《はなし》」をし合《あ》うことが多《おお》いという。これは、ロシアやウクライナ、ベラルーシで語《かた》られている話《はなし》だ。

ずっと、自分《じぶん》のピアノが欲《ほ》しいと思《おも》っている女《おんな》の子《こ》がいた。

そこで女《おんな》の子《こ》の両親《りょうしん》は、誕生日《たんじょうび》プレゼン

トにピアノを贈《おく》ることにした。

その際《さい》、お店《みせ》のスタッフから、修理先《しゅうりさき》を手《て》渡《わた》された。それは、近所《きんじょ》の老婦人《ろうふじん》だった。

さて、ピアノを受《う》け取《と》った女《おんな》の子《こ》はとても喜《よろこ》んだ。

そして、毎日《まいにち》のようにピアノの練習《れんしゅう》をした。しかし、次第《しだい》に指先《ゆびさき》に違和感《いわかん》を覚《おぼ》えるようになった。ヒリヒリするのだ。両親《りょうしん》に相談《そうだん》すると、

「練習《れんしゅう》のしすぎだよ」

と、一笑《いっしょう》された。女《おんな》の子《こ》は、次第《しだい》に慣《な》れるだろうと、練習《れんしゅう》を続《つづ》けたが、指《ゆび》のヒリヒリは増《ま》すばかりだった。

それから1カ月《げつ》ほどして、ピアノが壊《こわ》れ、両親《りょうしん》は老婦人《ろうふじん》に、修理《しゅうり》の連絡《れんらく》をした。老婦人《ろうふじん》は女《おんな》の子《こ》の家《いえ》に着《つ》くと、

「集中《しゅうちゅう》できないので、一人《ひとり》にしてね」

と、部屋《へや》の扉《とびら》を閉《し》めた。

ピアノは、治《なお》った。しかし、その後《ご》も、女《おんな》の子《こ》の指《ゆび》は痛《いた》み続《つづ》けた。さらにみるみるうちにやせ細《ほそ》り、体力《たいりょく》が落《お》ちていった。そうしているうちに、またピアノが壊《こわ》れた。

✦ピアノに隠《かく》されていた秘密《ひみつ》✦

両親《りょうしん》は再《ふたた》び、老婦人《ろうふじん》を呼《よ》んだ。老婦人《ろうふじん》は

また、

「他《ほか》の人《ひと》は部屋《へや》から出《で》てください」

といい、一人《ひとり》で部屋《へや》にこもった。

「どんな修理《しゅうり》をしているのだろう?」

と、不思議《ふしぎ》に思《おも》った両親《りょうしん》は、こっそり部屋《へや》をのぞきこんだ。そして、絶句《ぜっく》した。

なんと老婦人《ろうふじん》はピアノを開《ひら》くと、血《ち》の入《はい》ったガラス瓶《びん》を取《と》り出《だ》し、その血《ち》を飲《の》み始《はじ》めたのだ。

両親《りょうしん》は急《いそ》いで警察《けいさつ》に電話《でんわ》をした。

捜査《そうさ》の結果《けっか》、ピアノの鍵盤《けんばん》には肉眼《にくがん》では見《み》えないくらい小《ちい》さな針《はり》が埋《う》め込《こ》まれていたことが分《わ》かった。

そして、女《おんな》の子《こ》がピアノを弾《ひ》くと、その血《ち》が、瓶《びん》の中《なか》に流《なが》れ込《こ》んでいたことも。瓶《びん》が血《ち》でいっぱいになるとピアノは「壊《こわ》れ」、老婦人《ろうふじん》が血《ち》を飲《の》めるように設計《せっけい》されていたのだった。

城跡《しろあと》をさまよう、女性《じょせい》たちの霊《れい》

ウクライナはヨーロッパでも有数《ゆうすう》の国土《こくど》面積《めんせき》を誇《ほこ》る国《くに》だが、その歴史《れきし》は複雑《ふくざつ》だ。ロシアやリトアニア、ポーランドの支配下《しはいか》にあった時代《じだい》が長《なが》く、様々《さまざま》な文化《ぶんか》の影響《えいきょう》を受《う》けている。ウクライナ西部《せいぶ》にあるテルノーピリ州《しゅう》のクレメネツィにある古《ふる》い城《しろ》の恐《おそ》ろしい伝説《でんせつ》も、ポーランドの王女《おうじょ》が所有《しょゆう》していた時代《じだい》に生《う》まれたものだ。

ポーランド王女《おうじょ》の名前《なまえ》は、ボナ・スフォルツァ。美《うつく》しかった彼女《かのじょ》は自分《じぶん》の永遠《えいえん》の若《わか》さを願《ねが》い、若《わか》い女性《じょせい》、子《こ》ども、赤《あか》ちゃんを次々《つぎつぎ》と殺《ころ》し、**その血《ち》を湯船《ゆぶね》に入《い》れて**体《からだ》をひたしていたという。その数《かず》なんと、300人《にん》！ 彼女《かのじょ》によって殺害《さつがい》された子《こ》どもや女性《じょせい》たちの霊《れい》が、今《いま》も、夜中《よなか》に城跡《しろあと》をさまよっているといわれている。

◆まだまだある、血《ち》の風呂《ふろ》の伝説《でんせつ》◆

実《じつ》は、美《び》と若《わか》さを追求《ついきゅう》するあまり、こう

した残虐《ざんぎゃく》な行為《こうい》に及《およ》んだというケースは、ヨーロッパでは少《すく》なくない。

最《もっと》も有名《ゆうめい》なのがハンガリー王国《おうこく》の貴族《きぞく》、エリザベート・バートリだ。

彼女《かのじょ》は、「若《わか》い女性《じょせい》の**生《い》き血風呂《ちぶろ》**に入《はい》り、若返《わかがえ》ろうとした血《ち》の伯爵夫人《はくしゃくふじん》」として、映画化《えいがか》もされている。

凶行《きょうこう》を行《おこな》ったのは、現在《げんざい》のスロバキアのチェイテ城《じょう》で、犠牲者《ぎせいしゃ》は600〜700人《にん》にものぼったという。

結局《けっきょく》、バートリはチェイテ城《じょう》の地下牢《ちかろう》に監禁《かんきん》され、一切外《いっさいそと》に出《で》ることを許《ゆる》されなかった。それでも彼女《かのじょ》は4年近《ねんちか》くも、地下《ちか》牢《ろう》の中《なか》で生《い》きながらえていたという。

このお城《しろ》にも、浮《う》かばれない女性《じょせい》たちの幽霊《ゆうれい》が出《で》るのだそうだ。

ロシア

世界最大《せかいさいだい》の国土面積《こくどめんせき》を誇《ほこ》るロシアは、
東西《とうざい》で最大《さいだい》9時間《じかん》の時差《じさ》を持《も》つ。
また、180前後《ぜんご》の民族《みんぞく》が存在《そんざい》することもあり、
怖《こわ》いウワサの幅《はば》は、実《じつ》に広《ひろ》い。

子《こ》どもの命《いのち》を奪《うば》うゲーム

2015年頃《ねんごろ》から、ロシアでは「青《あお》い鯨《くじら》」と呼《よ》ばれる、バーチャルゲームが、社会問題《しゃかいもんだい》になっている。

ロシアでは2016年《ねん》、ゲームの影響《えいきょう》を受《う》けて約《やく》720人《にん》もの子《こ》どもが、自殺《じさつ》や自《じ》殺未遂《さつみすい》を行《おこな》ったという。

問題《もんだい》はロシア、というよりも世界《せかい》に広《ひろ》がっているかもしれない。現時点《げんじてん》で、アメリカ、アルゼンチン、ブラジル、インド、中国《ちゅうごく》、サウジアラビア、イタリア、フラン

ス、ポルトガル、ケニアなど、十数《じゅうすう》カ国《こく》で100人《にん》以上《いじょう》の未成年者《みせいねんしゃ》たちが自殺《じさつ》をはかったという。

◆恐《おそ》ろしい指令《しれい》◆

さて、ゲームはSNS《エスエヌエス》を通《つう》じて取得《しゅとく》できる。そしてゲームをスタートしようとすると、こんな警告《けいこく》が出《で》る。

「50日間《にちかん》、あなたは私《わたし》の指令《しれい》をクリアし続《つづ》けてください。要件《ようけん》が完了《かんりょう》するたびに、写《しゃ》真《しん》やビデオの形式《けいしき》で確認書《かくにんしょ》を提出《ていしゅつ》してください。50日目《にちめ》、あなたが死《し》んだらあなたの勝《か》ち」

なんともぶっそうで意味不明《いみふめい》な文面《ぶんめん》だが、この時点《じてん》では誰《だれ》もが、「自分《じぶん》が死《し》ぬわけないのにな」と、思《おも》うようだ。

実際《じっさい》、「ゲームマスター」から送《おく》られてくる指令《しれい》は、最初《さいしょ》のうちは簡単《かんたん》だ。

●朝《あさ》、4時《じ》20分《ぷん》に目《め》を覚《さ》まし、ホラービデオを見《み》る。

●紙《かみ》の上《うえ》に鯨《くじら》を描《えが》く。

●針《はり》で手《て》を突《つ》き刺《さ》す。

しかし徐々《じょじょ》に、要求《ようきゅう》はエスカレートしていく。

●あなたの唇《くちびる》を切《き》る。

●静脈《じょうみゃく》に沿《そ》って3回《かい》、腕《うで》を浅《あさ》く切《き》って写《しゃ》真《しん》を撮《と》り、ゲームマスターに送《おく》る。
●体《からだ》にナイフで鯨《くじら》の絵《え》を刻《きざ》みつける。
というふうに、体《からだ》を傷《きず》つけることに慣《な》れさせたり、
●一日中《いちにちじゅう》、恐《おそ》ろしいビデオを見《み》る。
●私《わたし》が送《おく》る音楽《おんがく》を聞《き》く。
と、時間《じかん》を支配《しはい》し始《はじ》める。さらには、
●朝《あさ》、4時《じ》20分《ぷん》に起《お》きて、屋根《やね》に登《のぼ》る。
●朝《あさ》、4時《じ》20分《ぷん》に起《お》きて、近《ちか》くの線路《せんろ》へ行《い》く。
●ビルの屋上《おくじょう》に登《のぼ》って、端《はし》に立《た》つ。
と、自殺《じさつ》をシミュレーションさせるような指令《しれい》が出《だ》され始《はじ》める。

もちろん、「ヤバい」と感《かん》じた時点《じてん》で、ゲームをやめればすむ。しかし「やり取《と》り」が途絶《とだ》えると、ゲームマスターは、

「あなたの両親《りょうしん》や親戚《しんせき》が殺《ころ》されてもいいのですか？」

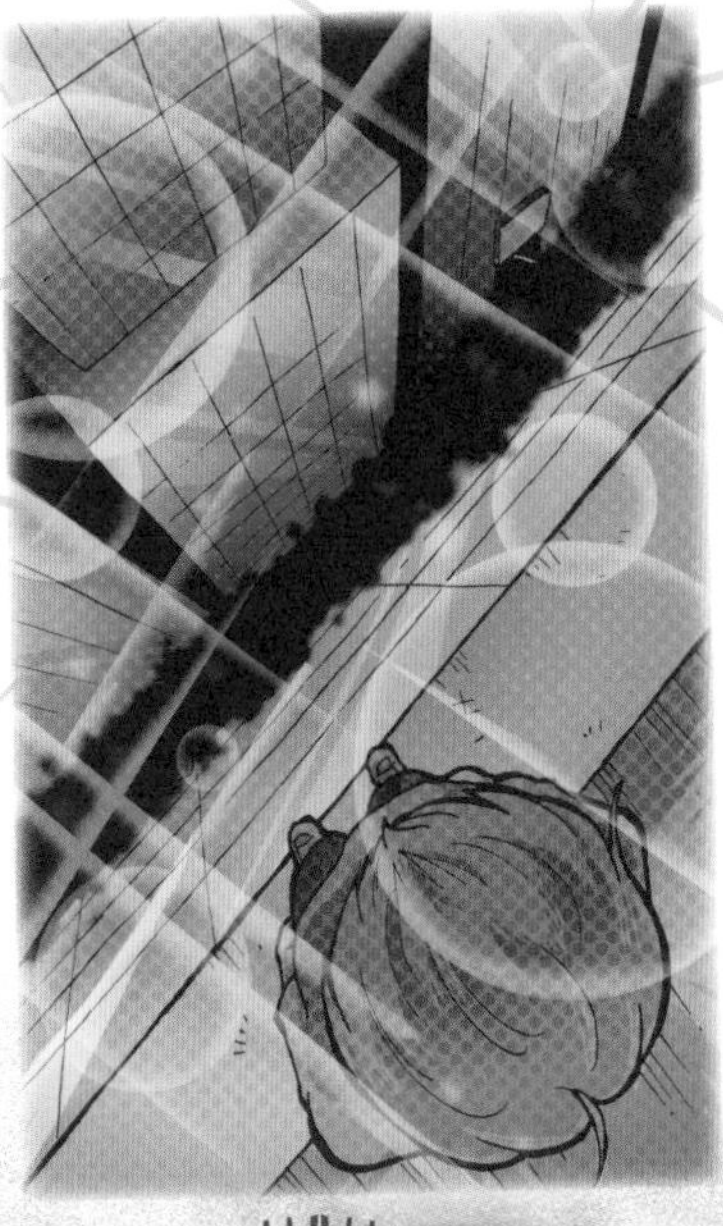

「あなたの住所《じゅうしょ》は分《わ》かっています。これから家《いえ》に向《む》かいます」

「あなたのネットワークシステムは、すでに我々《われわれ》の監視下《かんしか》にあります」

などと脅迫《きょうはく》を始《はじ》める。

もちろん、単《たん》なるおどしだ。

放《ほう》っておけばいいのだが、中《なか》には「やめる」という判断力《はんだんりょく》を奪《うば》われてしまい、「やめたい」と思《おも》いつつ、ゲームを続《つづ》けてしまう人《ひと》もいる。

そうしているうちに、
●ゲームマスターが告《つ》げる「死《し》ぬ日《ひ》」を受《う》け入《い》れる。

●一日中誰《いちにちじゅうだれ》とも話《はな》さない、通信《つうしん》しない。
●毎日《まいにち》4時《じ》20分《ぷん》に目《め》を覚《さ》まし、ホラー映《えい》像《ぞう》を見《み》る。
●一日一回《いちにちいっかい》、体《からだ》のどこかを切《き》る。
とメッセージが次々《つぎつぎ》に届《とど》き、50日目《にちめ》に、
●建物《たてもの》から飛《と》び降《お》りろ。
という指令《しれい》が届《とど》き、飛《と》び降《お》りてしまう。

✦死《し》を強要《きょうよう》する「洗脳《せんのう》」✦

ロシアで、一番最後《いちばんさいご》に大《おお》きなニュースになったのは、モスクワの東部《とうぶ》に住《す》む15歳《さい》の女《おんな》の子《こ》ジュリアと、16歳《さい》の女《おんな》の子《こ》ヴェロニカの自殺《じさつ》だ。

イギリスの新聞《しんぶん》によると、飛《と》び降《お》りる直《ちょく》前《ぜん》、ジュリアはSNS《エスエヌエス》に「End《エンド》（終《お》わり）」という言葉《ことば》と青《あお》い鯨《くじら》の写真《しゃしん》をアップした。ヴェロニカもSNS《エスエヌエス》に「意味《いみ》はない。終《お》わり」というメッセージを残《のこ》していたからだ。

そのため、現在《げんざい》、ロシアでは「青《あお》い鯨《くじら》」は禁止《きんし》されている。

イルクーツク地方《ちほう》の町《まち》では、禁止《きんし》される直前《ちょくぜん》に10人《にん》の未成年者《みせいねんしゃ》が保護《ほご》され、精神系《せいしんけい》の病院《びょういん》で治療《ちりょう》を受《う》けたという。

ちなみに、このゲームを作《つく》ったのは、心《しん》理学《りがく》を勉強《べんきょう》していたロシアの学生《がくせい》だ。

彼《かれ》は意図的《いとてき》に人々《ひとびと》を自殺《じさつ》させ、社会《しゃかい》を「浄化《じょうか》」しようとしていることを認《みと》めている。そして、

「十分《じゅうぶん》な睡眠《すいみん》を取《と》らせないことで判断力《はんだんりょく》をにぶらせる。そして、社会《しゃかい》とのネットワークを断《た》たせて、孤立《こりつ》させる。すると、人《ひと》は「洗脳《せんのう》」状態《じょうたい》におちいりやすい」

と、得意《とくい》げに語《かた》っている。さらに、

「自分《じぶん》は手《て》をかけていない。ゲームを始《はじ》めた人間《にんげん》が、勝手《かって》に言《い》うことを聞《き》いて、勝手《かって》に死《し》んだんだ」

と、罪《つみ》を認《みと》めていないという。

子守唄《こもりうた》を歌《うた》う幽霊《ゆうれい》

どの都市《とし》にも、渋滞《じゅうたい》は社会問題《しゃかいもんだい》として存在《そんざい》するが、モスクワの渋滞《じゅうたい》は特《とく》にひどいと悪名高《あくめいだか》い。

しかし、モスクワの郊外《こうがい》にある、ニクリンスカヤ通《どお》りは、別《べつ》の意味《いみ》での悪《わる》い評判《ひょうばん》で知《し》られている。

ここは、死亡事故《しぼうじこ》がよく起《お》こるのだが、事故《じこ》のほとんどが、奇妙《きみょう》な出来事《できごと》が原因《げんいん》なのだという。

事故《じこ》にあって生《い》き残《のこ》ったある男性《だんせい》は、

「壁《かべ》にぶつかる前《まえ》に、子守唄《こもりうた》を歌《うた》う女性《じょせい》の声《こえ》をはっきりと聞《き》いた。そして、美《うつく》しい花《はな》が咲《さ》く庭《にわ》の真《ま》ん中《なか》で、腕《うで》に赤《あか》ちゃんをかかえている若《わか》い女性《じょせい》を見《み》た」

と話《はな》す。

実《じつ》は、この通《とお》りで、車《くるま》にひかれて死《し》んだ妊娠中《にんしんちゅう》の女性《じょせい》がいた。そのため女性《じょせい》の霊《れい》が赤《あか》ちゃんを連《つ》れ、運転手《うんてんしゅ》に復《ふく》しゅうをしているのだとウワサされている。

というのも、事故《じこ》に合《あ》った人《ひと》のうち3分《ぶん》

の1が、事故前《じこまえ》に女性《じょせい》の子守歌《こもりうた》を聞《き》き、美《うつく》しい庭《にわ》で子《こ》どもをあやす女性《じょせい》のビジョンを見《み》ているのだという。

行《い》くだけで元気《げんき》になる！

世界《せかい》のパワースポット

その場所《ばしょ》に行《い》くだけで元気《げんき》になったり、リラックスしたりする不思議《ふしぎ》な場所《ばしょ》「パワースポット」。世界《せかい》にはたくさんのパワースポットがあるよ。

パワースポットって？

パワースポットは、エネルギーが高《たか》い場所《ばしょ》、と言《い》われているよ。行《い》くだけで心《こころ》や体《からだ》の疲《つか》れがとれたり、パワーがもらえたりするんだ。

セドナ（アメリカ）

ネイティブ・アメリカンの聖地《せいち》だった場所《ばしょ》で、大《おお》きな岩《いわ》がたくさんある。不思議《ふしぎ》な渦《うず》を巻《ま》いたパワーがある、と言《い》う。

ウルル（オーストラリア）

ウルルは「エアーズロック」のこと。世界《せかい》のへそ、とも言《い》われている。

マウナラニ（ハワイ・アメリカ）

「マウナラニ」は、ハワイの言葉《ことば》で「天国《てんごく》に届《とど》く丘《おか》」という意味《いみ》。「オーラが見《み》える洞窟《どうくつ》」や不思議《ふしぎ》な場所《ばしょ》がたくさんある。

マチュピチュ（ペルー）

標高《ひょうこう》2400mの場所《ばしょ》にある天空《てんくう》都市《とし》。解明《かいめい》できない謎《なぞ》がとても多《おお》い。

ルルドの泉《いずみ》（フランス）

どんな難病《なんびょう》も治《なお》ると言《い》われる泉《いずみ》で、奇跡《きせき》の泉《いずみ》と呼《よ》ばれる。とても神聖《しんせい》だと言《い》われていて、聖母《せいぼ》マリアの像《ぞう》がまつられている。

ストーンヘンジ（イギリス）

牧草地《ぼくそうち》に立《た》つ、不思議《しぎ》な巨石群《きょせきぐん》。エネルギーが吹《ふ》き出《だ》していると言《い》う。

テオティワカン（メキシコ）

巨大《きょだい》な古代都市《こだいとし》で、太陽《たいよう》のピラミッドと月《つき》のピラミッドがある。特《とく》に、太陽《たいよう》のピラミッドがパワースポットとして有名《ゆうめい》。

ペトラ遺跡《いせき》（ヨルダン）

岩《いわ》に直接《ちょくせつ》、神殿《しんでん》や彫刻《ちょうこく》が作《つく》られた岩山《いわやま》都市《とし》。古代《こだい》からのパワーがあるそうだ。

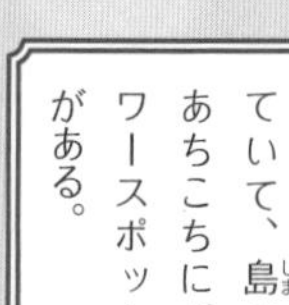

日本《にっぽん》にもある！ 行《い》ってみたいパワースポット

富士山《ふじさん》（富士山本宮浅間大社《ふじさんほんぐうせんげんたいしゃ》）

富士山《ふじさん》は、神々《かみがみ》のパワーが集《あつ》まる場所《ばしょ》と言《い》われ、世界的《せかいてき》な霊山《れいざん》。富士《ふじ》山《さん》のふもとにある浅間大社《せんげんたいしゃ》は、富士山《ふじさん》を神様《かみさま》としてまつっている。

宮島《みやじま》（厳島神社《いつくしまじんじゃ》）

厳島神社《いつくしまじんじゃ》で有名《ゆうめい》な宮島《みやじま》は、島自体《しまじたい》がパワースポット。昔《むかし》から神聖《しんせい》な場所《ばしょ》だとされていて、島《しま》のあちこちにパワースポットがある。

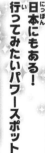

ナイジェリア

現在《げんざい》のアフリカには、イスラム教《きょう》やキリスト教《きょう》を信《しん》じる人《ひと》が多《おお》いが、古来《こらい》の神話《しんわ》や伝説《でんせつ》も、今《いま》なお信《しん》じられている。ナイジェリアもまた、土地《とち》ならではの幽霊話《ゆうれいばなし》が生《い》き続《つづ》けている。

恐怖《きょうふ》のブッシュベイビー

ナイジェリアには様々《さまざま》な不思議《ふしぎ》な伝説《でんせつ》があるが、子《こ》どもたちの間《あいだ》で有名《ゆうめい》なのが、「ブッシュベイビー（茂《しげ》みの赤《あか》ちゃん）」と呼《よ》ばれる幽霊《ゆうれい》だ。

この地《ち》には「ブッシュベイビー（ショウガラゴ）」と呼《よ》ばれる小《ちい》さいサルも生息《せいそく》するが、この動物《どうぶつ》とは全《まった》く別《べつ》の、恐《おそ》ろしい存在《ざいそん》である。

ブッシュベイビーにまつわる、話《はなし》を紹介《しょうかい》しよう。

◆むごたらしい死体《したい》◆

ある孤児院《こじいん》でのこと。

夜《よる》、一人《ひとり》の女性《じょせい》スタッフが、子《こ》どもが全《ぜん》員《いん》、施設《しせつ》の中《なか》にいるか、数《かず》を数《かぞ》えた。

「ちゃんと、みんないるわね」

と、安心《あんしん》したその時《とき》、窓《まど》の外《そと》から赤《あか》ちゃんの泣《な》き声《ごえ》が聞《き》こえてきた。

「窓《まど》の外《そと》は、森《もり》だけど……」

と、不思議《ふしぎ》に思《おも》いながらも、

「ちょっと見《み》てくるわね」

と、施設《しせつ》を出《で》た。しかし、女性《じょせい》スタッフはなかなか帰《かえ》って来《こ》ない。

別《べつ》のスタッフが森《もり》へ捜《さが》しに行《い》くと、なんと、女性《じょせい》スタッフは血《ち》だらけの引《ひ》き裂《さ》かれた服《ふく》に、骨《ほね》と肉《にく》がむき出《だ》しの状態《じょうたい》で見《み》つかったのだという。

◆泣《な》く赤《あか》ちゃんの正体《しょうたい》◆

こんな話《はなし》もある。

夜《よる》、ある男《おとこ》の子《こ》が、ベッドの上《うえ》で横《よこ》になっていた。

うとうととしたその時《とき》、窓《まど》の外《そと》から赤《あか》ちゃんの泣《な》き声《ごえ》が聞《き》こえてきた。

「こんな時間《じかん》に、赤《あか》ちゃん?」

と、男《おとこ》の子《こ》は飛《と》び起《お》きて、窓《まど》から外《そと》に出《で》た。

男《おとこ》の子《こ》は好奇心《こうきしん》に勝《か》てず、一人《ひとり》で泣《な》き声《ごえ》のする森《もり》の奥《おく》へ入《はい》って行《い》った。

そしてついに、草《くさ》の茂《しげ》みの中《なか》で、うつぶせで泣《な》いている赤《あか》ちゃんを見《み》つけた。

「いた。よかった」

と、赤《あか》ちゃんに手《て》を伸《の》ばした瞬間《しゅんかん》、赤《あか》ちゃんはぐるりと向《む》きを変《か》えた。

ギラギラ光《ひか》る真《ま》っ赤《か》な目《め》が男《おとこ》の子《こ》を見《み》つめ、ぐわっと口《くち》を開《ひら》いた。かみそりのような鋭《するど》い歯《は》をしていた。


その後《ご》の、男《おとこ》の子《こ》の行方《ゆくえ》を知《し》るものはいない。

実《じつ》は、この赤《あか》ちゃんは、森《もり》の真《ま》ん中《なか》で母《はは》親《おや》に捨《す》てられて死《し》んだ子《こ》の幽霊《ゆうれい》だと言《い》われている。

恐《おそ》らく死《し》ぬ直前《ちょくぜん》まで、ひもじさと、母親《ははおや》恋《こい》しさで泣《な》き叫《さけ》んでいたのだろう。

そして死《し》んでもなお、その魂《たましい》は毎晩《まいばん》、母親《ははおや》を探《さが》して泣《な》いているのだろう。

しかし、可哀想《かわいそう》だと近《ちか》づいてはいけない。赤《あか》ちゃんを見《み》た人《ひと》は、赤《あか》ちゃんに即座《そくざ》に殺《ころ》されると言《い》われているからだ。

ハイヒールの幽霊《ゆうれい》、コイコイ

　ナイジェリアの学生《がくせい》なら、ほとんどの人《ひと》が知《し》っているという有名《ゆうめい》な怖《こわ》いウワサがある。

「マダム・コイコイ」と呼《よ》ばれる話《はなし》がそれだ。

「マダム・コイコイなんて、面白《おもしろ》い名前《なまえ》」と思《おも》われるかもしれない。「コイコイ」の由来《ゆらい》は、彼女《かのじょ》がいつもはいていたハイヒールの靴音《くつおと》にある。

　そのため、日本語《にほんご》でいうと「コツコツ」となるのかもしれない。

　さてコイコイは、1970年代後半《ねんだいこうはん》、中《ちゅう》学校《がっこう》の教師《きょうし》をしていた女性《じょせい》だと言《い》われている。

　この女性教師《じょせいきょうし》は、大変《たいへん》な美人《びじん》で、スタイルも良《よ》く、オシャレで、いつもハイヒールをはいていた。

　しかし、非常《ひじょう》に暴力的《ぼうりょくてき》だった。生徒《せいと》が少《すこ》しでも間違《まちが》ったことをすると、すぐに手《て》を出《だ》し、鞭《むち》をふるうこともあった。そのため、生徒《せいと》たちから大変嫌《たいへんきら》われていた。

ある日《ひ》の放課後《ほうかご》、うっぷんのたまった生徒《せいと》たちは、ついにこの女性教師《じょせいきょうし》を教室《きょうしつ》の隅《すみ》に追《お》いつめ、集団《しゅうだん》で暴行《ぼうこう》を加《くわ》えた。

ある生徒《せいと》は、脱《ぬ》げたハイヒールを手《て》に、女性教師《じょせいきょうし》を叩《たた》いた。

そうしているうちに、女性教師《じょせいきょうし》は動《うご》かなくなり、**死《し》んでしまった。**

驚《おどろ》いた生徒《せいと》たちは、女性教師《じょせいきょうし》の体《からだ》を学校《がっこう》の裏庭《うらにわ》に捨《す》てて逃《に》げた。そして、

「女性教師《じょせいきょうし》は、強盗《ごうとう》におそわれたということにしよう」

と、口裏《くちうら》を合《あ》わせた。

✦始《はじ》まった、復《ふく》しゅう✦

しかし、その日《ひ》から、集団《しゅうだん》リンチに加《くわ》わった生徒《せいと》が一人《ひとり》ずつ消《き》え始《はじ》めた。

とうとう最後《さいご》に一人《ひとり》の男子生徒《だんしせいと》が残《のこ》された。怖《こわ》くなった男子生徒《だんしせいと》は、

「自分《じぶん》たちが実《じつ》は、女性教師《じょせいきょうし》を殺《ころ》した犯人《はんにん》だ！」

と、周《まわ》りの人《ひと》に告白《こくはく》し、

「夜《よる》になると、学生寮《がくせいりょう》の周《まわ》りで『コイコ

イ』っていうハイヒールの音《おと》が聞《き》こえる。女性教師《じょせいきょうし》の幽霊《ゆうれい》が自分《じぶん》のところにやってきているんだ。助《たす》けて！」

と、涙《なみだ》ながらに助《たす》けを求《もと》めた。しかし、

「女性教師《じょせいきょうし》は、強盗《ごうとう》に殺《ころ》されたんだぞ？」

と、誰《だれ》も信《しん》じなかった。

ある朝《あさ》、男子生徒《だんしせいと》の死体《したい》が見《み》つかった。死体《したい》は全身《ぜんしん》、アザだらけだったという。

◆そして、伝説《でんせつ》へ……◆

それからというもの、学生寮《がくせいりょう》の近《ちか》くで、

「コイ、コイ、コイ、コイ」

という、死《し》んだ女性教師《じょせいきょうし》がよく鳴《な》らしていた、ハイヒールのような音《おと》が聞《き》こえるようになったという。

もし聞《き》こえても、姿《すがた》を見《み》ようとしてはいけない。

「正体《しょうたい》を見《み》てやろう」

と、ハイヒールの音《おと》に向《む》かって行《い》った人《ひと》は、みんなマダム・コイコイに殺《ころ》されてしまうのだそうだ。

南《みなみ》アフリカ

「世界《せかい》で最《もっと》も治安《ちあん》の悪《わる》い国《くに》」との問《と》いに、
必《かなら》ずランクインする南《みなみ》アフリカ。
「悪魔崇拝《あくますうはい》」をするカルト宗教《しゅうきょう》も多《おお》く、
幽霊話《ゆうれいばなし》の恐《おそ》ろしさに、拍車《はくしゃ》をかけている。

グッドホープ城《じょう》の幽霊《ゆうれい》たち

南《みなみ》アフリカでも2番目《ばんめ》に大《おお》きな都市《とし》、ケープタウンは、アフリカ大陸《たいりく》の最南西端《さいなんせいたん》にあることでも有名《ゆうめい》だ。「喜望峰《きぼうほう》」と呼《よ》ばれる岬《みさき》は、アフリカ有数《ゆうすう》の観光地《かんこうち》でもある。

またケープタウンは、ヨーロッパの国々《くにぐに》が、こぞってアジアやアフリカ、アメリカ大陸《たいりく》を目指《めざ》した「大航海時代《だいこうかいじだい》（15世紀半《せいきなか》ば〜）」に、重要《じゅうよう》な食料基地《しょくりょうきち》としても利用《りよう》された。そのため、ヨーロッパの文化《ぶんか》も色濃《いろこ》く残《のこ》る。

さて、このケープタウンには、幽霊《ゆうれい》のウワサがいくつも残《のこ》る。

最《もっと》も有名《ゆうめい》なのが、オランダの東《ひがし》インド会《がい》社《しゃ》が1679年《ねん》に建《た》てた「キャッスル・オブ・グッドホープ（グッドホープ城《じょう》）」だろう。南《みなみ》アフリカで最《もっと》も古《ふる》い建物《たてもの》で、現在《げんざい》は南《みなみ》アフリカ陸軍《りくぐん》が利用《りよう》している。

しかしこれまでに多《おお》くの人《ひと》が、無実《むじつ》の罪《つみ》で命《いのち》を落《お》としたこともあり、幽霊《ゆうれい》のウワサが絶《た》えない。

◆処刑《しょけい》した兵士《へいし》の呪《のろ》いで幽霊《ゆうれい》に……◆

最《もっと》も有名《ゆうめい》な霊《れい》は、長官《ちょうかん》をしていたヴァン・ヌードのものだ。

1729年《ねん》、ヴァン・ヌードは、「城《しろ》から逃《に》げだした」として7人《にん》の兵士《へいし》を処刑《しょけい》した。しかしそれは無実《むじつ》の罪《つみ》だった。

そのため、処刑《しょけい》された兵士《へいし》のうちの一人《ひとり》は、ヴァン・ヌードを呪《のろ》いながら死《し》んでいった。

ヴァン・ヌードの死体《したい》が発見《はっけん》されたのは、

それからすぐのことだ。心臓発作《しんぞうほっさ》だった。自分《じぶん》の机《つくえ》で椅子《いす》に腰掛《こしか》けたまま死《し》んでいたそうで、「恐怖《きょうふ》の表情《ひょうじょう》」を浮《う》かべていたという。

それからというもの、ヴァン・ヌードの霊《れい》が城《しろ》をさまよい歩《ある》くようになったという。

このお城《しろ》には、囚人《しゅうじん》を拷問《ごうもん》するための牢《ろう》屋《や》もあった。

しかもこの牢屋《ろうや》は、海《うみ》の水《みず》が入《はい》るように設計《せっけい》されていた。そのため囚人《しゅうじん》は、地下牢《ちかろう》に繋《つな》がれたまま**溺《おぼ》れ死《し》ぬ**こともあった。この囚人《しゅうじん》たちの幽霊《ゆうれい》も時《とき》おり、目撃《もくげき》されている。

また、地下牢《ちかろう》の辺《あた》りに夜行《よるい》くと、電気《でんき》がついたり消《き》えたりもするのだそうだ。

城《しろ》にある、古《ふる》い鐘《かね》のある塔《とう》にも幽霊《ゆうれい》が現《あらわ》れる。この塔《とう》で首《くび》を吊《つ》って死《し》んだ兵士《へいし》の霊《れい》だとウワサされていて、奇妙《きみょう》な時間《じかん》に鐘《かね》を鳴《な》らすとも言《い》われている。

✦ヌード姿《すがた》の幽霊《ゆうれい》も！✦

「グレーの婦人《ふじん》」と呼《よ》ばれる幽霊《ゆうれい》も有名《ゆうめい》だ。手《て》で顔《かお》をおおい、ヒステリックに泣《な》き

ながら城《しろ》を歩《ある》き回《まわ》る、灰色《はいいろ》のドレスを着《き》た女性《じょせい》の幽霊《ゆうれい》なのだが、正体《しょうたい》は不明《ふめい》だ。

ただ城《しろ》を修理《しゅうり》している時《とき》、古《ふる》い門《もん》の骨組《ほねぐ》みから、女性《じょせい》の骨《ほね》が発掘《はっくつ》された。

この遺骨《いこつ》は、「グレーの婦人《ふじん》」のものではないかとウワサされている。

「レディ・アン・バーナード」と呼《よ》ばれる、城《しろ》の元女主《もとおんなあるじ》の幽霊《ゆうれい》も、目撃者《もくげきしゃ》が多《おお》い。

なんと、レディ・アンが考案《こうあん》したイルカのプールに、ヌード姿《すがた》でひたっているのだそうだ。

ただ、やはり幽霊《ゆうれい》なので透《す》けて見《み》えるという。

目立《めだ》ちたがりやなのか、城《しろ》で大《おお》きなパーティーが開《ひら》かれる時《とき》に、よく現《あらわ》れるという。

他《ほか》にも、古《ふる》い警備室《けいびしつ》では、男性《だんせい》と女性《じょせい》の両方《りょうほう》の幽霊《ゆうれい》の声《こえ》が聞《き》かれるというし、城《しろ》の中《なか》には黒《くろ》い猟犬《りょうけん》のような幽霊《ゆうれい》も見《み》られるという。

この犬《いぬ》は訪問者《ほうもんしゃ》を見《み》ると襲《おそ》いかかってくる。しかし、訪問者《ほうもんしゃ》が身《み》を守《まも》ろうとした瞬間《しゅんかん》、すうっと消《き》えるのだそうだ。

女子《じょし》トイレに出《で》る、ピンクの霊《れい》

南《みなみ》アフリカの学校《がっこう》にまつわる怖《こわ》いウワサで、「ピンキー・ピンキー」と呼《よ》ばれる幽《ゆう》霊《れい》がいる。

出没《しゅつぼつ》するのは、人《ひと》がほとんどいなくなった放課後《ほうかご》の女子《じょし》トイレ。

ピンクの服《ふく》や下着《したぎ》を身《み》につけている女《おんな》の子《こ》の前《まえ》にだけ現《あらわ》れるという。

そして、

「そのピンクのアイテムをよこせ」

と、要求《ようきゅう》する。

拒否《きょひ》すると、襲《おそ》いかかり、時《とき》には殺害《さつがい》することもあるのだそうだ。

実《じつ》は、ピンキー・ピンキーは、トイレの中《なか》に閉《と》じ込《こ》められてしまった女《おんな》の子《こ》の魂《たましい》なのだという。

「ピンクのもの」に対《たい》する、憧《あこが》れが深《ふか》いのかもしれない。

そして髪《かみ》はピンク色《いろ》をしているが、姿《すがた》かたちは「トコロシェ」と呼《よ》ばれる、南《みなみ》アフリカの神話《しんわ》に出《で》てくるみにくい悪霊《あくりょう》にそっ

くりなのだという。

ちなみに南《みなみ》アフリカは、「悪魔《あくま》」を信《しん》じて、悪魔的《あくまてき》な儀式《ぎしき》にのめりこむ人《ひと》が少《すく》なくない。そのため、警察《けいさつ》に「オカルト部隊《ぶたい》」なる捜査《そうさ》チームがあるほどだ。

学校《がっこう》での生徒同士《せいとどうし》による殺人事件《さつじんじけん》も、めずらしくはないのだそうだ。

✦ピンクの姿《すがた》をしているのは……✦

こんな恐《おそ》ろしいウワサもある。

ある町《まち》の警察《けいさつ》に、中学校《ちゅうがっこう》から
「トイレにピンキー・ピンキーが出《で》た」

という通報《つうほう》があった。警察《けいさつ》はすぐに、学校《がっこう》を一時閉鎖《いちじへいさ》した。というのも、

「犯人《はんにん》は、ピンク色《いろ》の男性《だんせい》の服《ふく》と女性《じょせい》の服《ふく》をごちゃごちゃに着《き》て、ピンキー・ピンキーのフリをした中年《ちゅうねん》の男性《だんせい》だ」

というのだ。

この話《はなし》は、ウワサに過《す》ぎない。しかし、

「世界《せかい》でも有数《ゆうすう》の治安《ちあん》の悪《わる》さ」

と言《い》われる南《みなみ》アフリカでは、あり得《え》ない話《はなし》ではないという。

幽霊《ゆうれい》も恐《おそ》ろしいが、現実《げんじつ》に存在《そんざい》する人間《にんげん》のほうが恐《おそ》ろしいのかもしれない。

幸運《こううん》を呼《よ》び込《こ》む！

世界《せかい》のラッキーアイテム

怖《こわ》い話《はなし》をしているとゾクッとする？ そんなときは、こんなアイテムで、幸運《こううん》を呼《よ》んで邪気《じゃき》をはらってみて。ラッキー体質《たいしつ》になれるかも！

ラッキーアイテムを持《も》つとき大切《たいせつ》なこと

ゾクッとしたり、怖《こわ》いなと思《おも》ったときに、「わたしには、このアイテムがあるから大丈夫《だいじょうぶ》！」と思《おも》う気持《きも》ちが大切《たいせつ》だよ。

青《あお》いもの（欧米《おうべい》など）

いつでもどこかに青《あお》いものを身《み》につけて。幸運《こううん》を祈《いの》り、身《み》を守《まも》ってくれるというよ。何《なに》か新《あたら》しいことを始《はじ》めるときは特《とく》に有効《ゆうこう》！

どんぐり（北欧《ほくおう》）

どんぐりを持《も》ち歩《ある》いたり家《いえ》にかざったりすると、災《わざわ》いから守《まも》ってくれるよ。

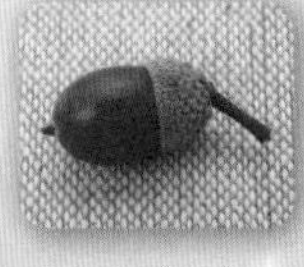

ゾウ（インドなど）

ゾウの形《かたち》のお守《まも》りを身《み》につけよう。「ガネーシャ」は、ゾウの姿《すがた》をした幸運《こううん》と知恵《ちえ》の神様《かみさま》。試験《しけん》を受《う》けるときにも力《ちから》をかしてくれるよ。

アロエ（アフリカ）

アロエを玄関《げんかん》にかざると、幸運《こううん》を呼《よ》び込《こ》み、不運《ふうん》を防《ふせ》ぐというよ。

ベニテングダケ（ドイツ）

運気《うんき》をあげてくれる幸運《こううん》のモチーフ。自然《しぜん》と美《うつく》しさのシンボルと言《い》われているよ。ただし、実際《じっさい》は毒《どく》キノコなので食《た》べちゃだめ！

ブタ（アイルランドなど）

ブタは世界中《せかいじゅう》で幸運《こううん》のシンボル。ブタの貯金箱《ちょきんばこ》は金《きん》運《うん》を高《たか》めてくれる。

赤《あか》い糸《いと》（中国《ちゅうごく》）

赤《あか》い糸《いと》は魔除《まよ》けになると言《い》われているよ。赤《あか》い糸《いと》で巻《ま》くことで、そこに幸運《こううん》のエネルギーが宿《やど》ると言《い》われているんだ。

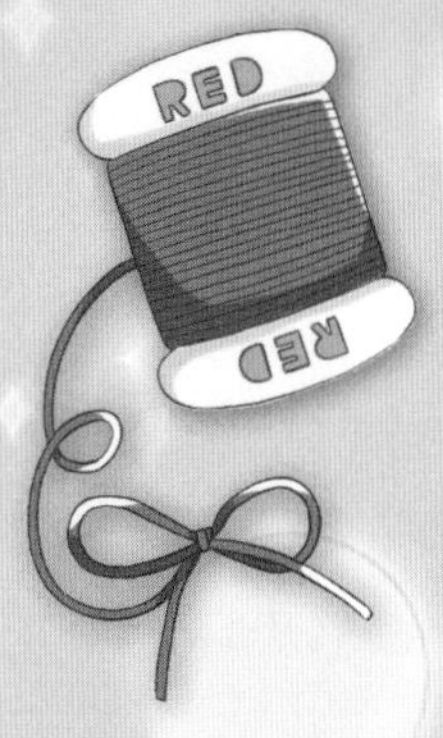

てんとう虫《むし》（ヨーロッパなど）

神様《かみさま》の使《つか》いと言《い》われ、体《からだ》にとまるとラッキー！ 身《み》につけるのもいいね。

日本《にほん》にもある！いろいろなラッキーアイテム

まねきねこ

幸運《こううん》をまねく置物《おきもの》。左前足《ひだりまえあし》は人《ひと》を、右前足《みぎまえあし》は金運《きんうん》をまねくと言《い》われているよ。白《しろ》は幸運《こううん》、ピンクは愛情運《あいじょううん》、黒《くろ》は健康運《けんこううん》なんだって。

だるま

縁起《えんぎ》がいいと言《い》われる置物《おきもの》。左目《ひだりめ》を書《か》きながら願《ねが》い事《ごと》をして、願《ねが》いが叶《かな》ったら右目《みぎめ》を書《か》くよ。そのあと、神社《じんじゃ》に持《も》って行《い》ってね。

ホンこわ！　世界に伝わる　本当に怖い話

■著者／野宮麻未・怖い話研究会
■表紙イラスト／つなぎ
■マンガ／絢前ゆうた、四角のふち
■本文イラスト／相生、あまきたろ、白瀬るい、せるろ〜す、明加、MAKO.、MIDORI、三好まを、百戸小判、山上七生、湯吉（順不同）
■写真／ iStock、PIXTA、rmbarricarte_stock.adobe.com、Wirestock_stock.adobe.com

■編集協力／グループ・コロンブス
■マンガ・イラスト協力／株式会社サイドランチ

発行者　内田克幸
編　集　池田菜採
発行所　株式会社理論社
〒 101-0062　東京都千代田区神田駿河台 2-5
電話　営業 03-6264-8890　編集 03-6264-8891
URL　https://www.rironsha.com

2020 年 6 月初版
2020 年 6 月第 1 刷発行

ブックデザイン　VolumeZone
印刷・製本　図書印刷

ISBN978-4-652-20373-6 NDC387 四六判 19cm 295p

※本書は、『世界に伝わる本当に怖い話』上巻・下巻（理論社刊）を再構成し、イラストやマンガ、コラムを新たに追加し、編集したものです。